校長の覚悟

——希代の校長5人に問う、校長のなすべきこと

『教職研修』編集部 著

教育開発研究所

はじめに

「校長がかわれば学校が変わる」とはよく聞かれます。

校長先生自身の心がまえや取り組みが「変わる」ことで、学校全体に影響が及びます。あるいは校長先生が異動して「代わる」ことで、学校の雰囲気ががらっと変わることもあるでしょう。

ただ、今日ほど校長先生次第で学校が変わる時代はありません。

この「変わる」に、あえてつけ加える言葉は、「良くも悪くも」です。言い方を変えれば「校長間格差」が大きく広がる時代が到来しました。

正解のない変革の時代、学校教育にもやはり正解はありません。上を向いて「ご意向」に従っていればよかった時代は終わりました。横を向いて（上にも下にも）突出していなければよかった時代は終わりました。誰も正解はわからないのですから、誰かの言うことを聞いていればよかった時代は終わったのです。

ではどうすればよいか。

目の前の子どもたちを見るしかありません。この子たちにとって今、何が必要か。この子たちが将来社会に出るために必要な力は何か。大人に分からないのですから、子どもたちを見るしかないのです。

校長先生次第で学校が変わります。つまり、校長先生は、誰に何を言われようと、目の前の子どもたちの「事実」を見て、子どもたちを守り、子どもたちが安心していられる場とし、将来に向けて成長できる――そんな学校をつくらなければなりません。

またそれは教職員にとっても同様です。安心して働ける職場をつくっていかなければ、学校教育の根幹が成り立たなくなります。

そこにおいて求められるのが、校長の「覚悟」。

月刊『教職研修』は1972年の創刊以来、学校管理職の先生方に資する情報発信に努めて参りました。多くの学校現場と接し、親交を深めてきたなかで、とりわけても雑誌の方向性や企画に多大なるご支援をいただいてきた5人の（元）校長先生に、今、日本全国の校長先生に求められる「覚悟」を問うたのが本書です。

いずれも教員ご出身の校長先生です。つまり、スタートラインや教職経験は、多くの校長先生方と同じです。にもかかわらず、なぜこのような「覚悟」を持つに至ったのか――お読みいただいた先生方が自らの「覚悟」を問い直す機会となれば幸いです。

『教職研修』編集部

第2章　住田昌治
――持続可能な学校をつくるサーバント・リーダーシップ

第3章　西郷孝彦
――自分で考え、行動できる人材の育成を目指して

第4章　小高美恵子
――公立学校に存在する「壁」の数々を溶かしていく

第5章　新保元康

――信頼・安心・貢献を柱に新しい時代の学校を創る

おわりに

第 1 章

すべての子どもの学習権を保障するために

木村泰子　元大阪市立大空小学校長

きむら　やすこ

大阪市生まれ。武庫川学院女子短期大学（現・武庫川女子大学短期大学部）教育学部保健体育学科卒業。1970年に教員となり、各校で教鞭をとる。2006年４月の開校時から2015年３月まで大空小学校の校長を務めた。2015年に、大空小の１年間を撮影した映画「みんなの学校」が全国公開。今も日本各地で上映会が行われ、木村先生も全国で講演活動などを行っている。著書に『「みんなの学校」が教えてくれたこと』（小学館）、『「ふつうの子」なんて、どこにもいない』（家の光協会）など。

何があっても子どもの命だけは守る覚悟

学校関係者にまず考えてほしいのは、学校や教員が子どもたちから信頼されているかどうかという点です。今の子どもたちが、学校や教員をどんな目で見ているのか、よく考えてみてほしいのです。

２０１９年１月、千葉県野田市で小学４年生の女の子が、父親から虐待を受けて亡くなる事件が発生しました。女の子は、学校が行ったアンケートに「お父さんにぼう力を受けています」と助けを求めたにもかかわらず、教育委員会と学校がそのアンケートを父親に見せたことで、事件は起きてしまいました。学校として絶対にあってはならないことで、一人の女の子の尊い命が失われてしまったことを考えても、関係者の罪の重さは計り知れません。

全国各地の子どもたちは、この事件をどんなふうに見ていたのでしょうか。親が子どもを殺したという事実だけでも十分にショックなはずですが、学校がアンケートを父親に見せたという事実に、多くの子どもが衝撃を受けたのではないでしょうか。

全国各地の学校では、いじめ防止対策推進法に基づき、アンケート調査を実施しています。しかし、この調査について子どもたちに聞くと、「本当のことなんて誰も書かない」と口をそろえます。「いじめられている」「虐待を受けている」などと書けば、自分の安全が脅かされると考えているのです。こうした話を聞いても、今の子どもたちが学校・教師を信頼していないということが分かります。これが日本の学校の現実なのです。

野田市の事件を受けて、多くの子どもたちが不安感や不信感を抱いているにもかかわらず、学校は今までと何ら変わらないやり方で、アンケート調査を続けています。法律・制度が定めたことだからやる、そんなスタンスなのでしょう。学校関係者は、いい加減に目を覚ましてほしいと思います。

学校で行われるすべての教育活動、学校で起こるすべての出来事に責任を持つのは校長です。野田市の事件にしても、誰が何と言おうと、責任は校長にあります。校長が覚悟を持って女の子を守ろうとすれば、事件は防げたのではないでしょうか。

また、2019年秋には、神戸市で起きた教員間のいじめ・暴力行為が大きく報道されました。この事件も、子どもたちはどのように受け止めているのでしょうか。こんな大人たちに「助けて」だなんて絶対に言えない——そう思っているのではないでしょうか。

そうした状況があるなかで、多くの子どもたちが誰にも助けを求められないまま、独りで苦しんでいます。その結果、不幸にして自ら命を絶ってしまう子すらいます。誰かに「助けて」と言えれば、身近に信頼できる大人がいれば、死なずに済んだはずなのに。本当に残念なことです。

何があっても子どもの命だけは絶対に守る——校長たる者は、その覚悟だけは絶対に持っていてほしいと思います。

もし、野田市や神戸市のような事件が報道されたら、校長は間髪を置かず、「安心してほしい」「信じてほしい」と子どもたちに語りかけるべきです。校長のなかには、職員朝会などで職員を介して子どもに伝えようとする人もいますが、そんな悠長なことをしている場合ではありません。緊急性の高いメッセージは、校長自身が自らの言葉で、直接子どもたちに伝えていくべきです。

新聞やテレビで報じられている虐待やいじめ事件は、氷山の一角にすぎません。多くの子どもたちが、安心して過ごせない世の中で、誰にも「助けて」と言えず、独り苦しんでいます。そんな危機的な状況のなかで、誰が率先してアクションを起こすべきかといえば、校長をおいてほかにいません。教職員や保護者に任せているような状況ではないのです。

「説得」されるのではなく、「納得」して取り組む

私が校長を務めた大空小学校は、障害のある子もない子も含めて、全員が同じ空間でともに学ぶ「みんなの学校」として、全国的に注目を集めました。最近では東京都の千代田区立麹町中学校が、固定担任制の廃止、定期テストや宿題の全廃などを打ち出して注目を集めています。大空小学校と麹町中学校は、校種も地域性も全く異なりますが、目指しているところは同じです。どちらも目の前にいる子どもたちの姿、10年先の社会を「事実」

として捉え、そこを基点に必要な学びを構築しているのです。

変化の波は、少しずつですが、全国に広がり始めています。大空小の校長を退任後、私は全国各地の学校を講演活動で回るようになりました。そのなかには、不幸にして子どもが自殺をしてしまった学校もあれば、多くの不登校児童・生徒を抱えている学校もあります。そうした学校の関係者と対話を重ねると、「子どもたちをどうにかしてやりたい」との切実な思いが、ひしひしと伝わってきます。そんな思いが、学校を変えようとする原動力になっているように感じます。

一方で、いまだ多くの学校が、変われないでいるのも事実です。変われない理由は何か。はっきり言えば、校長が自分の頭で考える力を失っているからです。多くの校長が、文部科学省や教育委員会から降りてくることを、忠実かつ正確にこなすのが自分の役目だと思っている――そんな状況で、学校が変われるはずなどありません。上から降りてくる事項を忠実・正確にこなすだけなら、よほどAIにさせた方がよいでしょう。

大切なのは、「説得」されて動くのではなく、自分の頭で考えて「納得」して行動することです。校長が納得しないまま、「国や教育委員会が言うから」というスタンスで行動すれば、教職員も納得しないまま行動します。その結果、子どもたちに粛々と宿題や定期テストを課し、校則やルールを守らせてしまいます。

子どもたちは、そうした大人たちの嘘を見抜いています。「1+1」は「2」だと分かっているのに、教員からは「1」だとか「0」だとか言われる。たとえて言えば、そんな状態です。だから、表向きは従いますが、納得なんてしていません。その反動として、自分自身を追い込んだり、相手を傷つけたりするのです。

校長に求められるのは、目の前にいる子どもたちの姿を「事実」として捉え、そこを基点に必要な学びを構築していくことです。そのうえで、既存の仕組みを変えていく必要があるのなら、「事実」をもとに自らの言葉で語っていくべきでしょう。それこそが、校長に求められる覚悟です。上から降りてくることを忠実かつ正確に守ろうとする決意なんて、覚悟でも何でもありません。

公立学校が持つべき最上位目的とは

学校の最上位目的、それは「すべての子どもの学習権を保障する」ことです。すべての教育活動はこの目的のもとで行われるべきであり、それが達成できていなければ、ほかにどんな優れた教育実践をしていても、何ら意味はありません。

たとえば、100人の子どもが在籍している学校で、99人はテストの点もよく、あいさつもできて、何事にも意欲的に取り組んでいたとします。視察に訪れた人は、「よい学校」との印象を持つかもしれません。でも、残る1人が学校に来ることができていなければ、「よい学校」とは言えないというのが私の持論です。100人中1人くらい……と言う人もいるでしょうが、最上位目的が達成できていないなかで、誇れるものなど何もないと私は考えます。

なぜ、「すべての子ども」にこだわるのか。1人が学校に来られていないという事実以上に問題なのは、そうした悪しき空気を吸いながら、残りの99人が過ごしていることです。たった1人でも学校に来られないという事実があり、そうした空気が学校に充満しているなかで育った子どもは、10年先の社会を生きていけないと私は考えます。

2018年度の不登校児童・生徒数は、小・中合わせて16万人以上です。子どもの全体数が減っているにもかかわらず、ここ数年は増え続けています。小学校で不登校になり、中学校・高校へ上がっても学校へ行けず、そのまま家に引きこもってしまう人も少なくありません。ここ最近、30代、40代の引きこもりの人たちが起こす事件が報じられていますが、現在の不登校児童・生徒数を考えると、10年後、20年後の社会がどうなってしまうのか心配です。

すべての子どもの学習権を保障する――このことに誰が責任を持つかといえば、校長です。たとえ一人でも学校に来ることができていない子どもがいれば、その責任は校長にあります。

校長は、学校教育におけるすべてのことに、一人で責任を負わねばなりません。たとえ、一教員が不適切な指導で子どもにケガを負わせてしまったとしても、責任は校長にあります。校長のなかには「教員個人の問題」「運が悪かった」などと考える人もいるでしょうが、そんな心がまえでいては、校長・教員間に信頼関係など生まれるはずがありません。

信頼関係のないなかで何かトラブルが起きると、教員は「校長のせいだ」と考え、校長は「教員が悪い」と考えます。そうして互いが「人のせい」にしているうちは、学校はいっこうによくなりませんし、子どもたちも人のせいにするようになります。

子どもは、誰かのせいにしなければ、学校にも来られますし、自ら命を絶つこともありません。人のせいにしない子どもを育てるためにも、校長自身が誰かのせいにしてはならないのです。

学校にだけ「多様な空気」がない

今の日本社会は、かつてとは比較にならないほど多様化しています。生活スタイル、家族形態、国籍、価値観など、あらゆるものが入り混じった実社会のなかで、子どもたちは「多様な空気」を吸いながら育ち、小学校へと入学してきます。

ところが、小学校に入ったとたん、その空気は一変します。障害のある子・ない子で学びの場は分断され、日常の言動から立ち居振る舞いに至るまで、皆と同じであることが求められます。「全体とまれ！」「前へならえ！」など、戦時中さながらの指導が徹底され、少しでも逸脱すれば厳しく叱責されます。子どもたちは、「画一的な空気」を吸いながら過ごすようになり、そうして小学校の6年間を送るなかで、自分の頭で考えることをやめ、自律的に行動できなくなってしまうのです。

先述した麹町中学校の工藤勇一校長が、「画一的な空気」を吸ってきた子どもが自律的に行動できるようになるまで「巻き戻しに1年半かかる」と話していました。それだけ、小学校6年間の影響は大きいものがあるのでしょう。大半の中学校は「巻き戻し」をしないでしょうから、日本の学校は9年間、あるいは12年間にわたり、子どもたちに「画一的な空気」を吸わせていることになります。幼児期は多様な空気を吸い、社会に出れば再び多様な空気を吸うのに、間にある学校教育だけが分断されているのです。

小学校教育において鍵を握るのは最初の1年間ですが、小1の担任を受け持つのは多くの場合、力のあるベテランの女性教員です。ここで言う「力のある」とは、けっして好ましい意味ではなく、「有無を言わさず子どもを従わせる力」という意味です。こうした教員を低学年指導のスペシャリストとして褒めそやす人もいますが、新任教員に持たせて学級崩壊する方がよほどマシです。それほど「子どもを従わせる」ことには弊害があります。

現任校長に提案したいのは、学校で最も信頼のおける教員に、1年生を持たせることです。1年生で多様な空気を吸うことができ、そのまま2年生、3年生と上がっていければ、5・6年生になる頃には、教員の授業力などに関係なく、子どもたちは自律的に学び、行動するようになります。当然、中学校に行って「巻き戻し」をする必要もありません。小学校の校長には、そうした観点から思い切った人員配置をしてほしいと思います。

新学習指導要領では、10年後の社会を見据え、子どもたちに必要な力をつけることが謳われています。子どもの主体的な学びを重視し、画一的な一律指導から脱却するという意味でも、学校に多様な空気をつくるという意味でも、大きなチャンスだと私は思います。各学校の校長には、「錦の御旗」を得たくらいの気持ちで、思い切った学校づくりを進めてほしいと思います。

一方で、新学習指導要領の理念、目指す教育の姿を、現場の校長や教員がどれだけ理解できているかは微妙なところです。私は2019年の夏、全国で30以上の学校を講演で回りましたが、「2020年4月に向けて、どんな準備をしていますか?」と投げかけても、芳しい答えは返ってきませんでした。このままだと、何も変わらないまま、新年度に入ってしまうのではないかと危惧しています。

現場の教員に、「10年後の社会を生きるうえで、必要な力とは何か?」と問いかけても、具体的な意見はなかなか出てきません。日々の学習指導や生活指導に追われるなかで、そうしたことまで考える余裕がないのかもしれませんが、この新学習指導要領の機会を生かせなければ、世間からは「ゆとり教育の二番煎じ」と揶揄されるでしょう。実際、保護者のなかには、そんなふうに冷ややかな目で見ている人も少なくありません。

今の教員の多くは、「やらねばならない仕事」で手いっぱいです。でも、それらの大半は「やらなくていい仕事」かもしれません。逆に、本当の意味で「やらねばならない仕事」はできていません。その結果として、多くの子どもが学校に来られないような状況に陥っているのです。

その責任は誰にあるかといえば、校長です。校長が、「そんなこと、やらなくていい」と言えば済むだけです。「そうは言っても、国や教育委員会から指示されたことだから」と言う校長がいるかもしれませんが、子どもを育てるのは国でも教育委員会でもなく、学校です。校長にはそんな覚悟を持ってほしいのです。

10年先の社会で子どもたちにどんな力が必要か

学力には、「見える学力」と「見えない学力」があります。「見える学力」とは、テストの点数や偏差値などで、高校入試や大学入試はこれを基準に選抜します。一方で「見えない学力」は、数値にして評価できるものではありません。

前回の学習指導要領改訂で、「知識・理解」だけでなく、「関心・意欲・態度」も大事であるとして、これを評価していく方針が示されました。その結果、挙手の回数を評価に反映する教員も出てきましたが、これはまったくよいことではありませんでした。挙手の回数が評価されるなら、子どもはそれを目的に手をあげ続けるでしょう。そうやって評価された子は、その経験をもとに、世の中をずる賢く渡っていくことになります。

それとは逆に、挙手はせずとも高い意欲を持って深く学ぶ子もいます。しかし、多くの教員にはそれは見えていませんし、見ようともしていません。

学力のうちの「見える」部分は、100あるうちの1程度に過ぎません。大半は「見えない学力」であり、テスト等では評価できません。だから、偏差値が高い大学へ行ったからといって、必ずしも幸せになれるわけではありません。これからの時代は、ますますその傾向が強まることでしょう。

大空小の開校1年目、私は教職員と一緒に、これまで何となくごまかしてきた「見えない学力とは何か」について話し合いました。10年先の社会を想像し、そこで生きて働く力とは何なのかについて考えたのです。

まず、「10年後の社会」について導き出されたのは、「多様性」「共生社会」「想定外」の三つのキーワードでした。2006年のことなので、すでに10年以上が経っていますが、現在はダイバーシティが進み、多様な考え方を吸収しながら新しい価値を創造していくことが求められています。また、大規模災害や凶悪犯罪など、想像を超える事態も次々と起きています。その意味で、私たちの見立ては間違っていなかったと思います。

続いて、この三つのキーワードを乗り越え、自分らしく生きていくためにどんな力が必要かを考えました。そして、次の四つに集約しました。

一つ目は「人を大切にする力」です。これはテストで100点をとるより大切なことで、多くの人が理解しているはずなのに取り上げようとしていません。二つ目は「自分の考えを持つ力」。10人いれば10通りの考えがあってよいわけで、他人の意見に左右されない意思はとても大切です。三つ目は「自分を表現する力」。周囲の意見に左右されず、「事実」を語ることができる力です。四つ目は「チャレンジする力」。失敗を恐れず、何事にも意欲的に挑戦するからこそ、未来がつくられるのです。

大空小では、「おはよう」から「さようなら」まで、この四つの力を子どもたちに獲得させることを目指して、教育計画を練り上げました。毎時間の授業についても、この四つの力がどれだけついたかという観点で評価しました。

一方で、「教材研究はやらなくてもかまわない」と教職員に伝えました。必死でインプットした「知識・理解」を1枚のペーパーにアウトプットする力、いわゆる「見える学力」は100のうち1程度に過ぎないわけで、そこに夜な夜な時間を割くことに意義がないと判断したからです。

また、授業研究もやめました。これまでの授業研究は、授業者の指示や発問、板書などを中心に、いわば「教師を主語」にして行われてきましたが、そのような取り組みに意味はないと考えたからです。もし、授業研究をするならば「子どもを主語」に据え、理解できずに困っている子をどう支援するかという視点で行わなければなりません。

予想外だったのは、ベテランの多くが賛同するなか、若手の一部が不安を訴えたことです。自分たちの授業が、本当にこれで大丈夫なのか心配だったのでしょう。そのうち、若手同士が３人組をつくって平素の授業研究をするようになり、そこにやがてベテランも加わって助言をするようになりました。さらに夏休みには、若手がベテランにさまざまな教科・領域で模範となる授業、すなわち子どもが生き生きと学ぶ授業のやり方を教えてほしいと、リクエストをするようになりました。

もちろん、そこで行われる授業研究等は、前述した四つの力がついているかどうかという視点から、「子どもを主語」に据えて進められました。授業研究の廃止という一つの決定が、思わぬかたちで学校に活力を与え、子どもを主語にした授業づくりの共有が図られていったわけです。

学校が守るべき最重要条文とは

多くの学校は、学校教育法をはじめとする諸法規や学習指導要領などを過剰に意識し、その結果として何も変えられずにいます。確かに法律を守ることは大切でしょうが、それならば真っ先に守らねばならない条文があります。日本国憲法第26条の「教育を受ける権利」です。これをすべての子どもに保障できていない状況があるなかで、些末な法規定ばかりを気にして変われずにいるのですから、本末転倒と言わざるを得ません。

学校に一人でも不登校の子がいれば、それは憲法に違反していることになります。そのため、大空小では「すべての子どもの学習権を保障する」を最上位目標に据え、全児童が学校に来られるようにすることを目指して取り組んできました。

そうしているうちに、噂を聞きつけて全国各地から不登校の子を持つご家庭が引っ越してくるようになりました。その数は、私が校長を務めた9年間で50人以上にのぼります。もちろん、すべての子どもが遅かれ早かれ学校に来られるようになりました。

9年間の間には、こんな出来事もありました。ある小5の児童の話です。両親が別居して母親と大空小の校区に引っ越してきたものの、その子は部屋に引きこもったまま出てきません。私が訪問してドア越しに声をかけても、いっさい返事はなし。「何か書いてほしい」と紙を隙間から部屋に差し込むと、「帰れ」と書いて戻してきます。私は繰り返し足を運び、その子にこう問いかけました。

「学校はあんた自身のもんや。あるから行くんちゃう。あんた自身がつくるんや。大空小は、今までの学校とは違う。一度来てみ。一度来てみて、それでも行きたくないんやったら、それでかまへん」

そう語りかけるうちに、その子はどうにかギリギリ、職員室までは来られるようになりました。とはいえ、またいつ来られなくなるかは分かりません。私は「いつ来て、いつ帰ってもいい。ただ、帰るときは、『かえるで』くらい言ってから帰ってな」と伝えました。

最初のうちは、10時10分に学校へ来て、職員室の後方でじっと時計を見つめ、10時15分に帰るような日が続きましたが、徐々に「これまでの学校、先生とは違う」ということに気づき始めたのでしょう。在校時間が10分、15分と長くなり、休み時間には教室にまで行けるようになりました。

そんな毎日が続き、いよいよその子が卒業する日を迎えました。皆と一緒の卒業式はむずかしいとの本人の意向を踏まえ、午前の卒業式が終了後、午後にその子1人だけの卒業式を執り行うことになりました。もちろん、教職員全員が講堂に正装でそろい、プログラムも午前中の式と何も変わりません。式典が始まり、私が卒業証書を渡すと、その子はしっかりと私の目を見て、中学校に行ってからの決意と感謝の気持ちを述べました。式にはその子の母親はもちろん、父親も来ていましたが、2人ともボロボロと涙を流しながらその様子を見ていました。わが子に教えられたご両親の姿を見ました。

不登校の児童・生徒がいる場合、通常は担任が家庭を訪問し、校長が自ら出向くことはありません。その理由として「校長が行ってダメなら、後がないから」などと言われますが、はたしてそうでしょうか。面倒なことから逃れ、担任に押しつけているのが実態ではないでしょうか。校長は、校長である前に一人の人間として、子どもたちの教育を受ける権利を保障する覚悟を持ってほしいと思います。

大空小学校ができるまで

私自身が最初に校長として赴任したのは、現在の大空小のすぐ隣にある大規模校です。大空小が開校する1年前、２００５年４月のことでした。つまり、ここで1年間校長を務めた後、新設校として設置された大空小の校長になったわけです。

大空小の開校に至るまでには、紆余曲折がありました。大規模化に伴い、近隣に新校を設置する計画は20年ほど前からあったのですが、地元で反対運動が展開され続けていたのです。反対運動の根幹にあるのは差別問題。新校の設置場所は、部落差別が根強く残る地域でした。

反対運動は、けっして部落差別を理由に掲げていませんでしたが、それが根っこにあることは誰もが知っていました。子どもたちは、20年近くにわたってそんな空気を吸いながら育ってきたわけです。当然、子どもたちの荒れはひどく、高学年では教師に対する反抗も日常茶飯事。少し運動が苦手だったり、おとなしかったりする子は、いじめを受けていました。また、教職員同士の関係性も悪く、何かトラブルが起こると、人のせいにばかりしていました。

２００3年の4月、児童数が校舎の限界を超えたことから、新校の建設予定地に校舎を建て、そこに5・6年生だけが移動することになりました。いわゆる分校のかたちをとったわけで、都市部の学校としては異例の措置です。私が校長として赴任したのは、その2年後の２００5年4月のことで、学校は見えないところで荒れ放題の状況でした。本校・

分校合わせて児童数1、143人、教職員数64人と規模も大阪一大きく、保護者や地域住民から役所に寄せられる苦情の多くは、この校区からのものでした。

当然、学校に来られない子どももたくさんいました。そのなかに、1年生の最初の1週間で学校に来られなくなり、その後4年にもわたって義務教育を奪われていた5年生がいました。きっかけは不適切な給食指導だったそうです。私は早速、その子の家に行こうとしました。すると教頭が「行ってはいけない」と言います。理由は、その家庭と学校・教委の間で、裁判が継続中だからとのこと。私は「裁判をしているから行ったらダメって、誰が決めたんや」と言い、その家に行きました。教職員は一様に驚いていましたが、母親はそれ以上に驚いていました。

私は開口一番、母親とその子に謝りました。その子は、大きな飼い猫を抱きしめながら、まるでオバケでも見るかのような目で、私の方をじっと見つめていました。それが校長1日目の出来事です。私は「このままではいけない」と思い、地域に蔓延する差別の根を断ち切ることも含め、誰もが通える新しい学校をつくらねばならないと考えました。

その後、私は区長のところへ行き、「来年4月に新しい学校をつくりたい」と直談判をしました。すでに次年度の予算なども決まっていたので、当初は「来年4月はむずかしい」と言われましたが、私は諦めませんでした。女性区長は私の熱意を汲みとり、教育長のところへ行って了解を取りつけてくれました。後で聞いた話ですが、区長は教育長のところへ行くとき、懐に辞表を携えていたそうです。

区長と教育長が同意してくれたとはいえ、新校設置には地域の同意も不可欠です。当時、その校区には16の町会がありましたが、互いにいがみ合って、全くまとまらない状況にありました。また、過去のどの校長も地域の権力者に振り回され、ろくに対話ができない状況でした。

当時、その学校に着任した校長は、その地域の町会長宅を「えらい人の順」で回ると引き継ぎ事項に記載されていました。しかし、私はその引き継ぎを無視しました。「えらい人の順」に回れば、その人の権力を認めたことになり、学校の舵取りができなくなると考えたからです。当然、町会長たちは「今度の校長は何様なんや」「女のくせに生意気な」などと思っていたことでしょう。

「新しい学校を皆さんと一緒につくりませんか?」

5月、地域の町会長など50人ほどが集まる会合があると聞き、私はそこへアポもとらずに一人で乗り込むことにしました。区役所の人には「やめておいた方がいい」と止められましたが、私は命まではとられないだろうと、どこか楽観的でした。

会合が始まって10分ほどしたところで、私は「失礼します」と会場に入りました。そして「5分だけ時間をください」と言い、少し猫をかぶりながら、にこやかな表情であいさつをしました。

「今度、校長になりました木村泰子と申します。今日は、皆さんにあいさつをさせていただくよい機会だと思い、参りました」

強面の人たちが、厳しい視線を私に送ります。これまでの経緯を考えれば当然のことです。私は表情を引き締め、真剣な眼差しでこう続けました。

「皆さんにお願いがあります。今、分校があるところに、新しい学校を一緒につくりませんか？　私はまだ着任して1ヵ月しか経っていません。でも、この場で子どものことを一番よく分かっていて、子どものことを語れるのは私しかいません。このままでは子どもが不幸です。子どもたちが安心して過ごせる場所をつくらないことには、学びが始まりません。そんな地域の学校を皆さんと一緒につくりましょう」

私はそう言って、すばやく立ち去ろうとしました。そのときです。一人の男性がすっと立ち上がりました。元警察副所長で、地域の方からも怖がられていた人です。

「校長、よう言うた！　これまでの校長は、誰も子どものことを話さんかった。子どものことを語れるのは校長だけいうのは、そのとおりや。新しい学校をつくるのに、どんなことでも協力する！」

そう言って拍手をすると、周囲も一斉に拍手をしました。私は深々と頭を下げ、詳しいことは今後詰めていきたいと伝え、会場を後にしました。

その数日後には、新校設置の実行委員会が結成され、6月7日には第1回目の会合が開かれました。この日は大空小の開校記念日にもなっています。学校名は地域からの公募を経て「大空小学校」に決まり、施設・設備面の準備などが急ピッチで進められていきました。

とはいえ、校舎は5・6年生しかいなかったため、低・中学年用の施設・設備・教材など、あらゆる物が足りません。予算も限られています。そうしたなかで、手を貸してくれたのは地域の人たちでした。ともに話し合い、知恵を出し合いながら、新しい学校づくりは着々と進められていきました。

不思議なもので、新校の設置が決まった後、大規模校にも変化が起こりました。教職員同士の対立がなくなり、トラブルが起きても人のせいにしなくなったのです。人のせいにしていたのは、第三者の圧力を感じていたからなのでしょう。地域との一体感が生まれてくるなかで、職員室にも一体感が生まれてきました。校長に一番反発していた組合のリーダーは、誰よりも校長の味方となって動いてくれました。

今振り返ると、大変ではありましたが、楽しく充実した1年間でした。私自身、この1年間で、教職員や地域の人たち、そしてなにより子どもたちから多くのことを学びました。だからこそ、誰もが通える「みんなの学校」をつくることができたのだと思います。

教員時代の取り返しのつかない失敗

私には、今の自分をつくった原点とも言える失敗があります。教師ですから失敗は多々してきましたが、その失敗だけは取り返しがつかないものです。

まだ私が一般教員だった頃、校舎を歩いていると、池のほとりで泣いている女性がいました。「どうなさったんですか？」と尋ねると、その女性は「この学校で、私にそうやって声をかけてくれたのは先生だけです」と言って、大声で泣き始めました。

話によると、女性には2人の息子がいて、下の子は翌年4月に小学校入学を控えていました。ところが、障害があったために、教育委員会の就学指導で、当時の特殊学級に入るよう言われたとのことです。

「うちの子は、他の子と一緒に学ばないとダメなんです。同じ教室に置いてくれるだけでいいんです。そうしないと、社会に出て生きていけません」

女性はそう校長に訴えたそうですが、当時はまだ「特別支援教育」という言葉もなかった時代で、教育委員会や校長は特殊学級に入れるのが妥当だとして、女性の申し出を却下していました。

話を聞くと、両親はアメリカでインクルーシブ教育について学んだ経験があり、障害の有無に関係なく、ともに学ぶことの重要性を認識していました。要は、当時の日本よりもはるかに進んだ考えを持っていたのです。当時、私は障害児教育について何の知識も持っていませんでしたが、女性の話には納得する部分が多々ありました。私は校長のところへ行き、なぜ女性の申し出を受け入れてあげないのかと問い詰め、職員会議でもそのことを議題としてあげました。

紆余曲折の末、翌年4月からその子は普通教室に在籍することが決まりました。職員室には冷ややかな空気が漂い、誰も1年生の担任を希望しません。私は他校から異動してきた2名の教員とともに、1年生の3クラスを受け持つことになりました。

新学期が始まると、障害のある子が各クラスに1人ずつ、計3人いることが分かりました。そのうち2人は、ちょっとした拍子にすぐ教室を飛び出してしまい、なかなか授業になりません。私たち3人の教員は、いろいろと話し合った末に、クラス担任制をやめ、3人で約100人の児童全員を見ていくことにしました。大空小の原点がここにあります。

支援担当や介助員などは1人もいません。授業は全児童を講堂に集めて行い、3人の教員それぞれが得意な教科を受け持ちました。私の担当は音楽と体育。1人が授業をしている間、残り2人はサポートに回ります。得意教科だけ授業するわけですから、教員自身も楽しく、子どもたちも実に生き生きと学んでいました。

秋の学芸会は、そんな1年生の姿を披露し、差別・偏見の目を正す場にしたいと私たちは考えていました。演目は計13曲を歌うオペレッタ。ところが、学習に入ると多動傾向のあるMくんが、講堂内を駆け回り始めます。全員で歌うのはむずかしいなと、私たちは半ば諦めていました。

　すると本番の2日前、全13曲を通して歌う段階になって、驚くべきことが起こりました。いつもと同じように講堂内を駆け回っていたMくんが、突如として歌い始めたのです。しかも、一言一句歌詞を間違えず、完璧に。私たちは驚きを通り越して、感動で心が震えました。

　もし、Mくんがみんなと同じ場所で学んでいなかったら、特殊学級で学んでいたら、このようなことは絶対に起こらなかったでしょう。Mくんは、講堂内を駆け回りながら、皆と一緒に学んでいたのです。ここに、すべての子どもが同じ場で学ぶことの原点があります。

これから校長を目指す人たちに持ってほしい覚悟

　障害のある3人のうちの1人・Sくんは、言葉を全く発することができず、聴覚過敏の傾向がありました。そのため、ときおり耳をおさえておびえたような声を出しましたが、周囲の子が「大丈夫だよ！」と声をかけることですぐに治まり、防音用の耳あても必要としませんでした。母親が「うちの子は、他の子と一緒に学ばないとダメなんです」と話していたとおりだなと、私は感心していました。

そうして1年生は誰1人欠けることなく、全員が元気に学校へ通っていました。3月を迎え、当初はそのままの体制で2年生になるはずでした。ところが、突如として私は校長から教務主任になるよう命じられたのです。私は1年生が心配だったので固辞していたのですが、「あんたは1年生さえよければそれでええんか?」と言われ、返す言葉も見つからず、引き受けることになりました。

私の懸念は的中し、しばらくするとSくんは学校を休むようになりました。私のことは信頼していたので、迎えに行くと安心した表情を浮かべ、一緒に学校へ来てくれます。しかし、私自身は教務主任なので、いつも教室にいるわけにはいきません。そうしているうちに、Sくんは安心して学べなくなり、全く学校へ行けなくなってしまいました。

信頼というものは途切れたとたん、憎悪に変わります。母親はSくんが学校へ来られなくなったのは私の責任だと、クレームを寄せてくるようになりました。さらに、私が悪人だと糾弾するビラをつくり、地域にばらまきました。そして遂には、学校を相手どって裁判を起こしました。

裁判は4年にわたり、最高裁まで行きました。その間、私はすべての感情を押し殺して、事実だけを淡々と語りました。判決は学校側の勝訴。「学校側に瑕疵は認められない」というものでした。

教育委員会からの電話報告を受けた後、私は胸の内に閉じ込めていた感情が一気に噴き出し、泣いてしまいました。何分ほど涙を流し続けていたでしょうか、ふと我に返り、自責の念が押し寄せてきました。学校が勝訴したということは、Ｓくんはもう二度と、学校へ来られないということを意味します。なぜ、あのとき教務主任を降りて2年生の教室に入らなかったのか、校長を無視してでも教員総がかりで対応しなかったのか……。どこかで校長のせいにする自分がいたのかもしれません。「覚悟」を持てなかった自分を責めました。

これから校長を目指す人には、私のような失敗をしてほしくありません。たとえ国や教育委員会が何と言おうと、どんな手段を使ってでも、すべての子どもが「おはよう」から「さようなら」まで安心して学べるようにする。そんな覚悟を持ってほしいと思います。

第2章

持続可能な学校をつくる サーバント・リーダーシップ

住田昌治　横浜市立日枝小学校長

すみた　まさはる

2010年～2017年度横浜市立永田台小学校長。2018年度～現職。ホールスクールアプローチで進めるESD、ボトムアップ型学校経営、元気な学校づくり、ウェルビーイングな働き方を実践し、全国各地で研修講師や講演も行っている。神奈川県ユネスコスクール連絡協議会会長、全国小中学校環境教育研究会理事を兼務。「円たくん」（円形ホワイトボード）開発者、朝日新聞Web論座連載ほか教育雑誌に連載や記事掲載多数。未来への風プロジェクト、教育長・校長プラットフォーム等でも活躍。著書に『カラフルな学校づくり――ESD実践と校長マインド』（学文社、2019年）、『任せる』（学陽書房、2020年春刊行予定）。

今の学校は「持続不可能」な状態に陥っている

今、日本社会は多くの課題を抱え、「持続不可能」な状況に直面しています。学校現場においても、家庭の貧困をはじめ、課題を抱えながら学校に通ってきている子どもも少なくありません。外国籍の児童・生徒、特別な支援を必要とする児童・生徒も増加傾向にあり、学校はその対応にも追われています。加えて人手不足が学校では欠員の問題となり、学校運営を困難にしています。社会の課題が凝縮されるかたちで学校に押し寄せ、学校自体が持続不可能な状況に陥っていると言えます。

２０２０年４月から順次実施される新学習指導要領には、「持続可能な社会の創り手」を育成していくことが、目標として掲げられました。しかしながら、学校が持続できない状況にあれば、そうした子どもを育成することなどできません。そもそも、持続不可能な社会をつくってきた大人に、持続可能な社会の創り手となる子どもを育てることができるのでしょうか？　その意味でも、まず大人が、学校のなかで持続可能な社会のモデルを示していく必要があります。

新学習指導要領には、小学校の外国語科、プログラミング教育など、未来志向型の新しい教育が数多く盛り込まれました。もちろん、こうした教育も大切ですが、子どもたちが直接的に影響を受けているのは、家庭生活です。貧困、両親の不和、ＤＶ、ネグレクトなどが、子どもたちを苦しめています。

家庭がそうした状況にあるなかで、子どもたちにとって学校が不安を抱く場であってはなりません。まずは子どもたちが安心して楽しく過ごせる環境を整えていく必要があります。そして、環境問題やエネルギー問題などの地球規模の課題にしても、子どもたちの主体的な取り組みを通じて、子どもたちに「解決できるかもしれない」という期待感を抱かせていくことが必要なのです。

そうした持続可能な学校を築いていくうえで、大きな阻害要因となっているのは、公立学校の組織風土です。日本の学校や教職員は、既存の枠組みのなかで、与えられた役割を正確にこなしていくのは得意である一方、批判的思考力を働かせて、新しい枠組みを構築したり、改善を図ったりしていくことは苦手です。前例踏襲的な組織風土のなかで、校長も教職員も主体性を奪われ、意思決定をしなくなってしまっています。

その結果、何のためにやっているのか、よく分からないような取り組みが、学校には数多く残されています。取り組み自体が半ば目的化し、子どもたちや教職員に過大な負担を強いているものも少なくありません。

なぜ、そんな状況に陥っているのか。原因は複雑に絡み合っていて、誰が悪いという話ではありません。われわれ一人ひとりの教育関係者が、これまでの選択を積み重ねてきた結果が現在の状況をつくっているとも言えます。ともあれ、そうした悪しき慣習は、学校教育から取り除いていく必要があります。

求められる校長像の転換

教職員の主体性を阻害しているのは誰かと言えば、多くの場合、校長です。学校において、校長の影響力というのは絶大なものがあります。

これまでの学校経営や学校改革は、校長の強力なリーダーシップのもと、校長自身が思い描く理想の学校像を具現化していくようなかたちで進められてきました。しかし、そうした手法でマネジメントをすると、教職員の多くは「言われたことをやる」だけになってしまいます。そして、そうした思考が根づいた教職員集団は、子どもたちにも「やってほしいことをやらせる」ようになります。つまり、支配型の学校経営は、教職員の主体性を奪うばかりか、子どもたちの主体性をも奪ってしまうのです。

加えて、そのような環境で育った子どもたちは、実社会に出た後、同じような思考で周囲を支配しようとするかもしれません。学校教育は、そういったことを繰り返してきているのです。

そもそも、校長がセレモニー的に自らのビジョンを語ったとしても、その学校像は教職員間で共有されません。4月時点である程度の納得・了解を得たとしても、年間を通して見れば、教育活動は一貫性に欠け、個別バラバラなものになってしまいます。

求められるのは、マネジメントに対する発想の転換です。一人ひとりの教職員に「どんな学校をつくりたいか」を聞き、それが実現できるように職場環境を整えていく。それこそが校長に求められている役割だと私は考えています。

教職員はもちろん、子どもや保護者、地域住民の人たちも、よく耳を傾ければ、各々が「理想の学校像」というものを持っています。そうした意見・アイデアを引き出し、集約して一つの方向性にまとめ、その具現化を図っていく。そうしたプロセスがあって、初めて全員が「当事者」になって、目指すべき方向性が共有されるのです。

もちろん、校長の強いリーダーシップのもとで、特定の取り組みが一定の成果を収める場合もあります。しかし、そうした取り組みは、校長の交替とともに廃れていきます。けっして持続可能な取り組みとはなり得ません。

また、前例踏襲的な組織というものは、外圧的に改革をしようとすると、拒絶反応を起こしがちです。校長には内側から変えていく視点が必要なのです。

学校は教職員を幸せにするためにある

こうしたマネジメント手法は、よく「ボトムアップ型」などと呼ばれますが、私の場合は「サーバント・リーダーシップ」という言葉を用いています。ロバート・K・グリーンリーフ博士が1970年に提唱したもので、日本でもサーバント・リーダーシップ協会が中心となって普及活動が進められています。端的に言えば、相手に対して奉仕や支援を通じて、協力してもらえる状況を築いていくようなマネジメント手法です。

私自身はグリーンリーフ博士の理論を学んで実践したというわけではありません。教職員一人ひとりの意見を吸い上げながら学校づくりを進めていたところ、大学関係者の間で「サーバント・リーダーシップを用いている校長がいるらしい」との噂が広がり、次第に私もこの言葉を用いるようになりました。後になって、関連する書籍も読みましたが、傾聴・支援を重視するその発想は、私の考えと一致する部分が多々ありました。

ここ最近、優れた経営者の多くは、「トップダウン型」ではなく、「サーバント・リーダーシップ」の手法を用いているように思います。私が最も影響を受けた経営者は、長野県にある伊那食品工業の塚越寛社長（当時）です。校長1年目の頃、ある雑誌記事で塚越社長のマネジメント手法を知り、「これはすごい」と、自ら電話をかけて視察を依頼しました。当時、すでに塚越社長の名前は世に知れわたっており、全国から多くの企業経営者が視察・研修に訪れていましたが、公立学校の校長が一人でやって来たのには、かなり驚かれたそうです。

伊那食品工業の企業理念は、「会社は社員を幸せにするためにある」というものです。多くの企業は、社員よりも顧客や利潤を優先しがちで、なかには一部上場を目指して血眼になっているところも多いのだと思います。そんななか、塚越社長はなによりも社員を大事にして会社経営をされていました。良質な商品を生み出し、生産効率を高めるには、なにより社員の幸福度やモチベーションを高める必要があるというのが、その主たる理由です。実際に視察をさせていただくと、社内を取り巻く空気がなんともすばらしく、時間がゆったりと流れているような感じがしました。

同社の視察を終えて、私は同じことは学校にも当てはまると思いました。教職員が元気でやる気に満ちていれば、教育活動は充実し、子どもたちによい影響を与えます。逆に、教職員が疲弊して元気をなくせば、その影響は悪いかたちで子どもたちに及びます。もちろん、「子どもを幸せにする」ことが最終目的ではありますが、そのためにも「教職員を幸せにする」必要があるのです。

そもそも校長は、自身が直接的に児童・生徒の教育に携わるわけではありません。だからこそ、「教職員の幸福度を高めることで子どもの幸福度を高める」という視点が必要なのです。

そうしたことから、私は一人ひとりの教職員の考えや思いを引き出し、それぞれが意思決定にかかわる仕組みをつくることで、教職員の満足感を高めるようにしています。学校という組織は、えてしてトップの顔色をうかがいがちで、放っておくと教職員は校長を、校長は教育委員会を、教育委員会は文部科学省を見ながら仕事をするようになります。それは本末転倒で、教職員は子どもたちを、校長は教職員を見ながら教育活動を進めていくべきなのです。学習指導要領にしても大綱的基準にすぎないのですから、子どもたちの様子をよく見極めたうえで、取捨選択しながら活用していけばよいのです。授業研究会でも、往々にして講師の目を気にした授業をしがちですが、教職員が見るべきは子どもたちです。私は常々、教職員に対して「見るべきところを間違ってはいけない」と話しています。

「それは校長先生が言わない方がいい」

こうした考えに基づいて学校づくりを進めている私ですが、最初からそうだったわけではありません。校長1年目は「自分がやらねば」との思いが強く、何かトラブルがあれば自ら矢面に出て、子どもや保護者にも対応をしていました。自分には経験がある、自分がやれば皆は助かる、教職員のモデルにならねば——そんな思い込みが、いつしか教職員をおいてけぼりにしていたのです。教職員は次第に「校長先生は、どう思うだろう……」と、私の方を見て仕事をするようになっていきました。

そんなある日のことです。当時、私は自校を「ユネスコスクール」にしたいと考え、加盟申請をしていました。無事にその承認が下り、これから学校としてやっていくための具体策をまとめ、教職員に伝えようとしていたとき、そのことを知った20代後半のある女性教員が、こう私に言ってきました。

「校長先生、それは私から皆に伝えさせてください。校長先生が言わない方がいいと思います」

その瞬間、私は自分と教職員の間に、意識の隔たりがあることに気づきました。校長先生は、私たちを信頼してくれていない――教職員の多くは、きっとそんなふうに思っていたのでしょう。女性教員はそのことを察して、「校長先生が言わない方がいい」と言ってくれたのです。あのとき、そのまま私が伝えていたら、教職員は「校長が言うんだから仕方ないよね」と、面従腹背で取り組んでいたに違いありません。

本書のタイトルは『校長の覚悟』ですが、私が強い覚悟に基づいて遂行したことは、よい結果を生みませんでした。今思えば、大きな失敗だったと思います。私の場合は運よく、ある教員がそう言ってくれたことで、「気づき」を得て異なる方向へと進むことができましたが、似たような落とし穴にはまっている校長は多いと思います。

なぜ、「気づき」を得て、方向転換ができたのか――それは、自分がやりたいことがあったから、つくりたい学校があったからだと思います。そのためには、どうすればよいかを真剣に悩んだ末、「教職員一人ひとりがやりたいことを応援し、信頼関係を築かない限り、自分がつくりたい学校はつくれない」という事実に気づくことができたのです。私が伊那食品工業を訪ねたのはそれから約2ヵ月後のことで、今思えば大きなターニングポイントでした。

「覚悟」といえば、「学校は教職員を幸せにするためにある」との方針を掲げたときは、相応の批判を浴びるだろうとの覚悟がありました。実際、多くの関係者から「まず子どもでしょ」「子どもの幸せが第一ではないのか」などと言われました。しかし、子どもを幸せにするのは当たり前の話で、校長がそれを前面に出したところで、何も変わりません。むしろ、これまでの学校に足りていなかったのは、教職員を幸せにするという視点だったのです。私にはそんな確信があったので、ここは譲れないと思い、押し通しました。

この方針に異を唱える人も、伊那食品工業を訪ねて会社の様子を一目見れば、私が意図することは分かっていただけるはずです。職場を取り巻く空気がとにかくすばらしく、誰もがそこにいて幸福感を得ることができるのです。

学校も全く同じで、教職員が働きやすく、幸せに感じられることで、子どもたちも元気でいられるのだと思います。現に、前任校ではそうした学校を目指した結果、「子どもたちが元気な学校」として注目を集めるようになっていきました。

反抗していた教員が前を向いてくれた

学校を「ユネスコスクール」にしたいとの思いは、校長になる前からありました。前述したように、ある教員の言葉をきっかけに、私はこの取り組みの具体的中身を教職員に委ね、サポート役に徹するようにしました。学校外での発表会等も、私自身にオファーが来たような場合でも、教職員の誰かにプレゼンしてもらうようにしました。

校長2年目以降は、教職員一人ひとりの考えを聴き、教職員が主体となって教育活動を進めるように大きく舵を切りました。私自身は、外部の人と教職員をつなげる役割を担っていましたが、そのうち私を介さずとも次々と新しいコラボレーションが生まれるようになりました。そのようなかたちで、教職員が自律的に生き生きと仕事をするようになっていったのです。

しばらくして、子どもたちにも変化が出始めました。教職員に「どうすればいいですか？」と聞かないようになったのです。以前は、何事も教職員に聞き、その指示に従っていた子どもたちが、自分で主体的に判断・行動するようになっていったのです。

実を言うと、「どうすればいいですか？」という言葉は以前、教職員が私に対してよく使っていたものでした。つまり、教職員が校長の顔色をうかがうような学校では、子どもも教職員の顔色をうかがうようになるのです。職員室と教室はつながっていて、学校経営と学級経営は連動している、そんな事実を痛感しました。

校長が自分の考えを押しつけようとしても、よい結果は生まれません。一方で、校長としてビジョンを持ってはダメという話でもない。要はやり方の問題なのです。

私自身にも、学校づくりに対する思いやビジョンはありました。その一つは、「子どもが主体的に思考・判断・行動するような学校」というものでした。だからこそ、2年目以降の大きな変化は非常に嬉しいものがありました。

世の中を見渡すと、校長が明確なビジョンを示し、強固なリーダーシップを発揮して、教職員を従わせているような学校もあります。校長としてある程度のやりがいを得られるかもしれませんが、私に言わせればそれは自己満足に過ぎません。そうしたやり方では、指示どおりやらない教職員は居場所を失ってしまいますし、嫌々取り組む教職員が増えて、その成果はきわめて薄いものとなるでしょう。

誰かにやらされてする仕事ほど苦痛なものはありません。一方で、自分で考え、自分で決めたことに対しては、高いモチベーションを持って取り組むことができます。そうした機会をつくれば、自然と組織のなかにはよい空気が流れるようになります。

10年間校長を務めるなかで、嬉しかった出来事の一つは、私に反抗していた教員が信頼を寄せてくれるようになったことです。最初は完全に後ろ向きだったのが、次第に斜めを向き、最後には前を向いてくれました。

教職員は、「この人は自分のことを分かってくれている」「自分のやりたいことを本気で応援してくれている」と考えるようになれば、前を向いてくれます。逆に、「私の話なんか聞いてくれない」「提案してもどうせやってくれない」などと考えるようになれば、どんどん後ろ向きになっていきます。

職員室にどのような組織文化を根づかせるか

もちろん、教職員同士もお互いが前を向き合っていくことが大切です。そうした観点から、校長5年目の頃から始めたのが、「円たくん」という書き込みができる円形のホワイトボードを使ったワークショップです。5〜6名のグループで、各々がアイデアを「円たくん」に書き込みながら、対話と合意形成を図りました。

あるとき、この手法を用いて、「本校のよいところを出し合おう」ということになりました。この手のワークショップでは、「課題」を出し合うのが一般的ですが、あえて「よいところ」を出し合ったのです。

すると、次から次へと学校の魅力的なところが浮き彫りになっていきました。続いて、これを1枚の絵に表そうという話になり、皆で力を合わせて校舎や教室、校庭、教育実践などが描き込まれた1枚の絵を完成させました。この絵は、私の著書『カラフルな学校づくり――ESD実践と校長マインド』の表紙にもなりましたが、学校の教育実践を凝縮した見取り図でもあり、学校評価の軸にもなるものです。

学校は「課題」を出し合うことはあっても、「よいところ」を出し合うことはほとんどありません。だから、会議の席で教職員に「学校のよいところは？」と聞いても、せいぜい出てくるのは「体育館が広い」「校内に池がある」などハード面の話です。実際には児童・生徒や教育実践などにもよいところがたくさんあるのに、それらは出てきません。

なぜ、出てこないのかといえば、そうしたことを言い合える組織文化が醸成されていないからです。職員会議のようにフォーマルな会議ばかりしていると、発言力のある人が優位に立ち、ヒエラルキーが生まれます。その結果、その他大勢の教職員が「何か言ったら馬鹿にされる」「どうせ否定される」と考え、口をつぐんでしまうのです。こうした悪しき空気が職場に流れている限りは、教育改革も働き方改革もいっこうに進みません。

学校のよさや魅力は、どの教職員も心の中に感じていることがあります。大切なのは、そうした思いをアウトプットできる場と雰囲気をつくることです。鍵を握るのは「場」と「ツール」です。その点で「円たくん」を活用したワークショップは、会議における序列がつくられにくく、どの教職員も思ったことを言い合えます。

教育実践は、他校の真似をしてもうまくいかない

私がこれまで実践してきたことは、全国どの学校でもできることです。特別な施設・設備も必要なければ、予算もかかりません。アプローチの仕方さえ間違えなければ、日本中どの学校でも実施可能だというのが私の考えです。

一方で、先進校の実践を見聞きすると、「あの学校は特別」「あの先生だからできた」「うちの学校ではできない」などと言う人がいます。確かにそのとおりです。その学校が研究指定校で経営資源に恵まれていたり、特異な能力を持った教員がいたりすることもあります。ですから同じことはできませんし、同じことをやる必要もありません。

そうしたこととは関係なく、自分の学校のことは自分の学校で考えればよいのです。よその学校と比べても何も意味はありませんし、その学校を真似して実践する必要などありません。研究指定校であろうと、普通の学校であろうと、目指すべきゴールは「楽しい学校」や「元気な学校」をつくることであり、自分の学校は自分の学校で取り組んでいけばよいのです。校長が、前述したようなマインドセットを持ち、正しいアプローチで遂行すれば、施設・設備や予算に関係なく、そうした学校はつくれます。

私見を述べれば、研究指定校をつくって、そこを起点に水平展開していくやり方はやめた方がいいと思います。そうしたモデルができれば、多くの学校がそこを視察等で訪れ、同じようにやろうとします。しかし、そうやって他校の真似事をしても、絶対にうまくいきません。教育実践は、スタート地点に立つまでの「プロセス」が重要だからです。

たとえば今、多くの自治体が「働き方改革」の実践事例集を出しています。しかし、ほとんどの教職員は見ようともしません。自分の「働き方」にいちいち口を挟まれたくない、というのが現場の本音でしょう。

私もよく講演会等で「働き方改革の事例を紹介してください」と言われますが、本校の教職員が実施している「働き方」は、本校の教職員が考え出したものだからこそ効果を発揮するのです。それは教育実践においても同じで、プロセスを抜きにしてかたちだけ真似ても、教職員のモチベーションが伴わないので絶対に失敗します。

たとえば職員会議を45分で終わらせるというとき、この「45分」という数字は、本校の教職員が、どのように働きたいかを考え、アイデアを出し合い、話し合いを重ねるなかで行き着いた数字であり、その意識共有が図られているからこそ意味があるのです。他校で「45分」という数字だけを教職員に押しつけたら、必ず歪みが生じます。教育実践は、一部分を切り取って実施してもうまくいかないのです。

教育改革も働き方改革も、誰かから押しつけられるものではなく、各学校の教職員でどうすればよいかを話し合い、自分たちで決めていく必要があります。そうした場面でこそ、校長のリーダーシップが問われるのです。

「働き方」は誰にも指図されたくない

現在、公立学校で進められている「働き方改革」は、「改革」という語がついていることもあり、どこか上意下達で押しつけられているような印象があります。前述したように、働き方は誰かに指図されるものではなく、自分たちで決めていくことが大事です。そのため、本校では学年ごとに教職員同士が話し合い、A4判1枚の「学年プラン」を作成しています。

教職員同士の話し合いでは、時間があれば自分は何をやりたいか、本音を出し合います。内容は、仕事のことでもプライベートのことでもかまいません。「子どもと接する時間を増やしたい」と言う教職員もいれば、「映画を見に行きたい」と言う教職員もいます。

次に、それを実現するにはどうすればよいか、アイデアを出し合います。そうしたプロセスを経て、働き方の「見直し」が行われれば、上から押しつけられた「改革」とは違い、教職員一人ひとりが納得したうえで業務改善が図られます。

こうした機会がなければ、教職員の多くはズルズルと長く仕事をしてしまいます。その結果、「やりたいのにできないこと」だらけになり、ストレスを抱え込んでしまうのです。

私は、毎年度末、一人ひとりの教職員とかなりの時間をかけて面談をしています。その場で、新年度に向けてやりたいことは何かと聞きます。そして年度が始まってからは、定期的に声かけをして、やりたいことができているかどうかを確認します。できていない場合は、どうすればできるのかを一緒に考え、可能な限りバックアップします。

そんななかで実施している取り組みの一つが、「この指とまれプロジェクト」です。個々の教職員が「やりたいこと」を提示し、ほかにもやりたい人がいたら、グループで実現させていきます。先日も、「大人の遠足」と称して、文部科学省と都内のＩＴ企業を訪ねました。このように、本校ではいくつものプロジェクトが生まれ、教職員が「やりたいこと」に取り組んでいます。

国や自治体が進める「働き方改革」の一番の問題点は、業務改善を行った結果として生まれた時間をどう使うかが定まっていない点です。労働時間の短縮ばかりに目が向いていますが、それだけでは教職員は幸せになりません。幸せになるためには、健康に過ごすことと、良好な人間関係のなかで働くこと、そして自分で決めたこと・やりたいことができることが重要なのです。そうした条件がそろわないと、たとえ帰宅時間が早くなっても、実感が伴いません。

上意下達で「毎週水曜日はノー残業デー」と言われても、多くの人は「仕事で忙しいのに……」と、かえってストレスを増幅させてしまいます。他方で自分たちで話し合って決めたことなら、「効率的に進めて、やりたいことをやろう」と思えます。そもそも働き方を一律に決めること自体、教職員の主体性を阻害し、多様性を認めていないことになると思うのです。

人は、やりたいことをやっているときが一番幸せです。それが仕事のなかでのことであれば、なおさらで、充実感さえあれば、多少は時間がかかってもストレスは感じないはずです。大切なのは、楽しい「働き方」を自分たちの知恵でつくり出していくことであり、それができなければ持続可能な取り組みとはなりません。

個々の教職員がサーバント・リーダーに

校長職はプレッシャーが大きいと言われますが、私の場合、日々の仕事において深刻になることはほとんどありません。いつも最悪の事態を想定して対応するため、多少こじれても平静に対応できます。

また、トラブル対応の多くは、教職員に任せるようにしています。教職員も、管理職の信頼を得ている実感があるので、同僚と力を合わせて自力で解決しようと努めます。現在は、私自身が前面に出て対応するケースは、年に一回あるかないかです。

そんな私も、校長1年目の頃は「自分がやらねば」との気負いがあり、自ら矢面に立って対応していました。誰だって時間をかけてじっくりと話せば分かり合える、そう思っていたのです。しかし、実際に自分が矢面に立っても、ただ時間がかかるばかりで、事態はいっこうによくなりませんでした。それればかりか、トラブルは延々と尾を引き、結果として担任が追い込まれてしまったこともありました。

今では、保護者とのトラブルがあった場合、子どもに最も近しいところにいる担任が対応するようにしています。その結果、担任の児童理解は深まり、対応力も身についてきています。ていねいに話を聞くことを通じて、教職員自身がサーバント・リーダーになっているのです。本校の教職員の多くがそうしたマインドを持っていることから、グループの会議等も一人ひとりの意見を汲み上げながら進められるようになっています。

子どもを思いどおりにしようとする指導ではなく、「任せる」

若手・中堅教員の頃は、自分が管理職、ましてや校長になるなんて夢にも思っていませんでした。当時はミニバスケットボールの指導に夢中で、頭の中はそのことばかり。いつも「強いチームをつくりたい」「どうやったら勝てるだろう」と考え、体育館ではトップダウン型の指導ばかりしていました。

一方、教室ではその真逆で、楽しい授業、子どもに任せる授業をしていました。「先生の言うとおりにしなくてもいいよ。自分で考えてやっていいよ」という感じです。これは今につながる考え方であったのかもしれません。

管理職を目指そうと思ったのは、教務主任を務めた頃からです。それ以前も研究主任などを務めたことはありましたが、教務主任になると教育課程や年間指導計画など、学校の核となる計画づくりにかかわります。すると、学校がどのように動いているか、全体を俯瞰して見られるようになり、カリキュラムの中身はもちろん、日程や研究の進め方など、改善すべき点などが見えてきます。

そうしているうちに、「こんな学校をつくりたい」との思いが、自分のなかに芽生え始めました。そして副校長になった頃には、その思いはより確かなものへと変わっていました。思い返せば、たいして授業がうまいわけでもなく、研究会等で活躍していたわけでもない、ただミニバスケットボールの指導に熱を上げていただけの私が、不思議なものです。

そんな私が、現在担任を持っている先生方にお願いしたいのは、子どもを思いどおりにしようという指導からは、早く卒業してほしいということです。そうした指導をしているうちは、子どもたちは自律的に行動しません。クラスの子どもたちが何をしたいのかじっくりと聞き、話し合いを通じて各々が意見やアイデアを出せるような雰囲気づくりをしてください。自身はファシリテーター役に徹し、子どもたちが主体的に行動できるようにしてほしいのです。

そのためには、「任せる」姿勢が大切です。子どもたちは、信じて任せてしまえば主体的に行動します。そのためには信頼関係が大切で、一人ひとりの声に耳を傾け、「やりたいこと」などを把握・理解しておくことです。そうして信頼関係が築かれていれば、子どもたちは教師の目を気にせず、自ら判断・行動するようになります。

また、そうした考え方を立場が変わっても継続してほしいと思います。学年主任になっても、教務主任になっても、校長になっても、サーバント・リーダーとしての姿勢を貫き、子どもたちはもちろん、後輩教員にも任せてほしいと思います。

日本の学校は「再放送」ばかりを流している

トップダウン型の指導を貫いたまま校長になれば、教職員はその人の言うことに従い、誰も物申さなくなります。そんな組織・集団ほど脆弱なものはありませんし、教職員はもちろん、子どもたちの主体性も育ちません。

そうした学校は、今も数多く存在します。世の流れは、学習から学びへ、ティーチングからコーチングへ、ティーチャーからファシリテーターへと変わってきているのに、教員の多くは今も「教えなくてはならない」という意識を強く持っています。その原因をひも解いていけば、教員自身が小・中・高校時代を通じて、そうした思考を培ってきてしまったせいかもしれません。

最近、大学は少しずつ変わり始めていて、ワークショップ型の授業なども行われているところがあります。子どもにとってよい授業とは何かなどが、学生一人ひとりの意見を吸い上げるかたちで進められています。

しかし、いざ教員になって学校に着任すると、初任者研修をはじめ、あらゆる機会を通じて「授業はかくあるべし」という指導を受けることになります。教員の教育観・指導観というのは、着任3年目くらいまでの間に形成されることが多いので、トップダウン型の学校に赴任すれば、次第にそうした思考に染まっていきます。

そして、そうやって育った教員が管理職になれば、枠にはまった画一的な思考を持つ教員を育てることになります。これまでの公立学校は、そうしたかたちで教育観・指導観の再生産を繰り返してきたわけです。

日本の学校教育は、テレビでいうところの「再放送」ばかりを流しているような状態にあります。巷には新番組がたくさん流れているのに、予定調和で安心して観ていられる再放送ばかりだから、ワクワクやドキドキがありません。今の学校教育は、そんな退屈なテレビ局のような状態にあります。

確かに安心感や安定感は大事ですが、そこに安住していては、前へ進めません。そうでなくとも学校は現状維持バイアスが働きやすく、変化を拒む体質があります。校長自身も、自分の経験に基づいた再放送ばかりを流しているのではなく、情報を常に更新しながら新番組をつくっていく姿勢が求められます。

学校において校長の役割は絶大で、校長が変われば学校が変わります。最近はコミュニティ・スクールが増え、学校運営協議会などが力を持ち始めていますが、そうした一部の学校を除けば、校長の考え方や心がまえは、学校教育に直接的に影響を及ぼします。

カギを握るのは校長のマネジメント研修

2019年秋、神戸市の小学校で起きた教員間のいじめ事件が大きく報道されました。暴行・暴言などその内容はあまりにひどく、私も最初は信じがたい思いでした。

しかしながら、学校に限らず、どんな職場にも人の心に悪魔が棲みついてしまうようなことはあります。私はよく、他校で勤務する後輩の副校長から悩み相談を受けるのですが、そのほとんどは学校経営のパートナーである校長についてです。そのなかには「職員の前でどなられる」「何を言っても無視される」「人前に出るな！」など、パワハラどころか人権侵害に該当するものもあります。心の悪魔がさらに増幅すれば、神戸市の学校のような事件に発展することだって十分に考えられるでしょう。

なぜ、そうした事象が起きてしまうのか。ひも解いていけば、その背後には学校教育が再生産し続けてきた旧来型の思考があります。相手を従わせよう、自分の思いどおりにしようとする思考が、そうした職場集団をつくり出しているのです。

負の連鎖を断ち切り、新しい学校文化を築いていくのは容易ではありません。そのために必要な一手は何か――カギを握るのはマネジメント研修ではないかと私は考えています。校長・副校長になる前の段階と、なった後の段階で、サーバント・リーダーシップによるマネジメント手法を徹底的に学ぶようにするのがよいと思います。

私が管理職になった頃の校長研修の内容は、人事考課、学校評価、不祥事防止、メンタルヘルスなどが定番でした。なかでも学校コンプライアンスにかかわるものが非常に多かったと記憶しています。学校の不祥事が頻発するなか、防止に努めたい気持ちは分かります。しかし、不祥事は校内研修を徹底したところでなくなるものではありません。私はむしろ、教職員一人ひとりが「やりたいこと」をやって、幸せを感じられる職場をつくることの方が、不祥事防止の近道ではないかと考えています。

その意味でも、サーバント・リーダーシップによるマネジメントを管理職が学ぶことの意義は大きいと考えています。できれば、校長に着任する前から着任後まで、3年くらいにわたり、伊那食品工業・塚越社長のような経営者に話を聞くなどして、教育観・指導観を刷新させることが大事です。そうしないと、怒鳴って従わせるような思考の再生産を、いつまで経っても断ち切ることができません。

校長は常に機嫌よくしておくこと

サーバント・リーダーシップによるマネジメント手法を学ぶことのほかに、もう一つ大事なことがあります。月並みなことかもしれませんが、常に機嫌よくしておくことです。はっきり言えば、気分の乱高下が大きく、それが態度に出てしまうような人は校長には向いていません。

機嫌の悪さが表に出ると、周囲の教職員は話しかけづらくなり、相談しなくなります。その結果、小さな問題を一人で抱え込み、大きなトラブルへと発展させてしまうリスクが高まります。

また、校長の不機嫌は教職員に伝播し、その影響は教室にも及びます。校長室―職員室―教室は、一本の線でつながっているのです。児童・生徒の荒れが目立つ学校で、その原因を遡ると校長室にたどり着く……なんてことは珍しくありません。

誰かが機嫌をとってくれるのは赤ん坊くらいで、大人になれば自分自身で気分をコントロールしなければなりません。校長であれば、自分の機嫌は自分でとるものです。その点で、モチベーションを保つための研修なども実施していく必要があると考えます。

冒頭でも述べたように、学校は持続可能な社会の縮図になっていくようにしたいものです。「子どものため」を合言葉に、いくら優れた教育活動をしていても、教職員に過大な負荷がかかり、休職者が出ているようでは、持続可能とは言えません。

持続可能な社会をつくっていくうえで大切なのは、多様性を認めることです。今の世の中は、物事のすべてに白黒をつけ、「正しい」「間違っている」で判断するような風潮があります。しかし、世の中にはいろんな考えを持った人がいて、学校にもいろいろな色を持った子どもがいます。そうした個性・多様性を認め、一人ひとりが「自分らしさ」を発揮して、幸せに暮らせるような社会をつくる。それが持続可能な社会だと思います。

学校について言えば、校長が自分の色ですべてを染めてしまうようでは、持続可能な教育は実現しません。これまでの学校は、どこか画一的な空気のなか、多様性が認められず、多くの教職員や子どもが息苦しい思いをしてきました。いじめや不登校、教職員の精神疾患なども、そうした息苦しさのなかで増え続けてきたのだと思います。

近年は、全国的に外国籍の児童・生徒が増え、本校でも約2割近くにのぼります。こうした状況があるからこそ、学校には多様性のある学びが必要です。そうでなければ社会で活躍できる人間は育ちません。そのためにも、まずは校長が支配型のリーダーシップから脱却し、教職員一人ひとりの主体性を認めて任せていくことが必要だと考えています。

第3章

自分で考え、行動できる人材の育成を目指して

西郷孝彦　東京都世田谷区立桜丘中学校長

さいごう　たかひこ

1954年横浜市生まれ。上智大学理工学部を卒業後、1979年より都立の養護学校（現特別支援学校）をはじめ、大田区や品川区、世田谷区で数学と理科の教員、教頭を歴任。2010年、世田谷区立桜丘中学校長に就任し、生徒の発達特性に応じたインクルーシブ教育を取り入れ、校則や定期テスト等の廃止、個性を伸ばす教育を推進している。著書に『校則なくした中学校 たったひとつの校長ルール』（小学館）。

3段階に分けて校則を全廃

日本の公立学校はこれまで、国が求める人材の育成機関として、その役割を果たしてきました。国が求める人材とは、平たく言えば、上の指示した仕事を正確かつすばやくこなせる人材のことです。そうした人材が、これまでの日本の経済成長を支えてきたのは、まぎれもない事実だと思います。

しかし近年、経済・社会のグローバル化が進み、「国が求める人材」と実社会の間に乖離が起き始めてきました。そうした状況があるなかで、公立学校はこれまでと変わらぬやり方で人材育成を進めてよいのか、あるいは学校独自に改革を進めていくべきなのか、大きな岐路に立っています。私自身は後者の立場をとり、私なりの方法で改革を進めてきました。

これからの時代に必要な人材とは何か――私は「自分で考え、行動できる人材」だと考えています。あらゆる場面において、自分の頭で考え、判断・行動できる。公立学校は、そうした人材を育てられる学校に変わっていかねばなりません。

しかし、現在も多くの公立学校が、与えられた課題を正確にこなし、教員の指示どおりに動く旧来型の人材育成を進めています。多くの規則で子どもたちを縛り、課題を粛々と与え、従順に従う子どもに高い評価を与えています。その結果、子どもたちは「先生に怒られるから、とりあえず守っておこう」と考え、思考停止状態に陥っている。これでは「自分で考え、行動できる人材」が育つはずなどありません。

「自分で考え、行動できる人材」の育成に向けた一方策として、私が校長を務める世田谷区立桜丘中学校では、すべての校則をなくしました。服装も自由ですし、髪型も自由。生徒手帳には「礼儀を大切にする」「出会いを大切にする」「自分を大切にする」の三つだけが心得として書かれています。実際、校内にはカラフルなTシャツを着ている生徒もいれば、グレーのパーカーを着ている生徒もいます。

「校則がない」と聞くと、学校関係者の多くは驚きます。最近は新聞・雑誌などメディアで取り上げられる機会も少なくありません。ただ、校則の廃止は、数年をかけて少しずつ進めてきた結果にすぎませんし、私たち教員はなんら特別なことだと考えていません。生徒たちもそれが当たり前になっているので、「なぜ注目されているのだろう？」と不思議がっています。

校則は、大きく3段階に分けてなくしていきました。第1段階は、人権にかかわるものです。たとえば多くの学校で「髪の色は黒」と校則で定めていますが、地毛を染めさせようとする行為は明らかな人権侵害です。外国籍の生徒に適応でもしたら国際問題に発展してもおかしくありません。こうした校則がまかり通っていること自体、日本の人権感覚の低さを露呈しているように思います。

第2段階は、合理的な理由がないものです。たとえば、これも多くの学校が「靴下の色は白」などの校則を定めていますが、なぜ白色でないとダメなのか、合理的な理由を見出すことはできません。「汚れが分かりやすいから清潔」と言う人もいますが、「汚れが目立つので洗濯が大変」と言う保護者もいます。そうした理由から、最近は医療機関等でも白以外の衣服を採用するところが少なくありません。

そして第3段階は、発達障害などがある子どもたちへの対応です。生徒のなかには、なぜか制服が着られない子がいます。また、常に帽子を被っていないと不安になる子もいます。けっして「わがまま」なのではなく、発達の特性に起因する強い「こだわり」があるからです。それを認めてその子が学校に来られるなら、服装規定はなくした方がよいに決まっています。

校則がないので、本校では服装指導も持ち物検査もありません。教員にとってその点は楽ですが、一方でルールがないなかでの指導はむずかしさもあります。生徒指導において、常に問題の本質的な部分と向き合っていかねばならないからです。

たとえば、授業中に寝ている生徒がいれば、多くの教員は「起きなさい」と指導するでしょう。しかし、「なぜ、寝ていたらダメなんですか？　短時間の仮眠が集中力を高めるという科学データもあります」と生徒から返されたとき、教員としてどう返せばよいでしょうか。「授業中に寝てはいけない」との規定があれば、「校則違反だ」で済む話ですが、本校ではそうした指導は通用しません。持ち出せるのは、せいぜい「礼儀を大切にする」「出会いを大切にする」「自分を大切にする」の三つの心得に過ぎません。ですから、そのような場面では、その心得をもとにした教員・生徒間の話し合いが始まります。「ダメなものはダメ」と言えないなかでの指導は、大変です。しかし、子どもを「自分で考え、行動できる人材」にするためにも、そうしたプロセスは不可欠ですし、教員の指導力も大いに鍛えられます。

変容する公立学校・教員の役割

公立学校の役割について考えるとき、単に受験に必要な知識・技能を授けるだけなら、Eラーニングで十分です。すでに、米国のミネルヴァ大学や日本のN高など、ネット上の教育機関で学ぶ学生・生徒も増えてきています。今後、こうした傾向がますます強まるなかで、公立学校は何のためにあるのか、その存在意義をよく考えなければなりません。

たとえば、数学の方程式が解けない中学1年生がいたとします。なぜ解けないのか、一人の教員がその原因を突き止め、30～40人の生徒に個別対応をしていくには、かなりの労力が必要です。ほとんど不可能でしょう。

一方、タブレット端末に入ったEラーニングシステムを使えば、コンピュータが生徒の誤答からつまずきの原因を解析し、弱点を補うための補習問題を出題してくれます。中1

の計算問題が解けない生徒がいたら、コンピュータが誤答のパターンから「小数の割り算に難がある」などと事実を突き止め、その領域を補習してくれるのです。英語の文法や単語なども同様で、ドリル学習を通じて知識・技能が定着していない部分を発見・補強してくれます。

こんな時代ですから、個々の教員に求められる役割や能力もまた見つめ直していく必要があります。これまでは、授業スキルが高く、専門知識を持った教員が「よい教員」とされてきましたが、コンピュータを活用した学習システムが普及すれば、その定義は大きく揺らいでくることになるでしょう。

では、実際にどのような役割・能力が必要となるのか――私は生徒との信頼関係を築けるか否かが、大きなポイントになってくると考えています。

すでにそうした変化は現れ始めていて、誰が見ても上手な授業なのに、ほとんどの生徒にそっぽを向かれているようなケースもあります。それとは逆に、お世辞にも授業が上手とは言えないのに、すべての生徒が真剣に話を聞いているようなケースもあります。

違いは何かといえば、生徒たちがその先生を好きかどうかです。生徒はいくら授業が上手でも、上から目線で指導してくる「嫌なヤツ」の話は真剣に聞こうとしません。あるいは、知識・技能だけならネット上で学べるということを感覚的に理解していて、そうした態度をとっているのかもしれません。

「自分で考え、行動できる人材」を育てるためには、なにより教員自身が、自分の頭で考え、行動できる人にならねばなりません。日々の仕事においても、その取り組みが本当に必要なことなのか、もっとよい選択肢はないのかと考える。前例や慣例にとらわれず、常に問題の本質的な部分を考えながら判断・行動する。そうした教員を目指さなければなりません。「規則だから」と強権を振りかざしているようでは、生徒から信頼されませんし、「自分の頭で考えられない人材」を再生産するだけです。

心の中の「怒り」

私は横浜市で生まれ、公立の小・中・高校で学びました。当時の学校にも校則はありましたが、さほど厳格なものではなく、私も学校帰りに肉屋さんでコロッケを買って食べたり、喫茶店で友人とレモンスカッシュを飲んだりするような学校生活を送っていました。先生の指導もゆるく、服装違反をしている生徒がいても、軽くたしなめる程度でした。

ところが、教員になって東京の中学校に赴任すると、驚くほど厳しい校則が定められていて、どの教員も血眼になって生徒にそれを守らせようとしています。なんて無駄なことをやっているのかと、私は開いた口が塞がりませんでした。同時に、子どもたちが可哀想になり、怒りに似た感情が湧いてきました。

私自身はそのような方針になじまなかったので、せめて自分が担任するクラスにはそうした指導をしないようにしていました。とはいえ、私が影響力を及ぼせるのは、せいぜい自分のクラスくらいです。他クラスや他学年では相変わらず、生徒たちが気の毒なくらい厳格な指導が行われていました。

学校全体をそうした指導から脱却させるには、どうすればよいのか――自分自身が校長になって、そうした学校をつくるしかないとの考えに至りました。当時の私は授業をするのが好きで、いつまでも生徒とかかわっていたかったのですが、自分の内側に湧いてくる怒りの感情がそれを上回ったのです。

そうした思いを持って校長になったわけですが、改革を進める過程では、理不尽な抵抗にも遭いましたし、いわれなきクレームを受けることもありました。教員のなかには、校則に基づく厳格な指導をモットーとしてきた人もいるわけですから、ある程度は覚悟していたことです。公立の教員は身分が保障されていることもあり、民間ではあり得ないほど露骨な態度で、管理職の方針に反発してくる教員もいます。現在も学校に嫌がらせの電話がかかることもありますし、私が記事を書いた出版社にクレームが入るなんてこともあります。そうした抵抗に遭うと、そのつど対応に労力を割かねばならないのは、何とももどかしいものがあります。

そうした逆風のなかで私が常に意識していたのは、「目の前の生徒」と向き合うことです。目の前に困っている生徒がいたら、常にその生徒のことを考えて判断・行動し、大人の都合を優先しようとする者がいれば、何があっても闘う姿勢を見せる。常にそんなスタンスを貫いてきました。「こんちくしょう」と思ったことは数え切れないほどありますが、そうした「怒り」があったからこそ、逆風が吹くなかでも改革を進めてくることができたのだと思います。

私は教員にも、「理不尽だと思ったら、怒るくらいじゃないとダメ」と伝えています。目の前の生徒を自分の息子や娘に置き換えて考えてみてください。大人の都合で理不尽な目に遭えば、自然と怒りの感情が湧き出てくるはずです。子どもに対してそのくらいの愛情を持てなければ、逆風が吹いたときに自分を貫けないと思います。

「こんな学校をつくりたい」という思い

教員という職業は、いくら授業力が高く、実績を上げても、また部活動指導で功績を上げても給料は高くなりません。そのため、高い収入や地位を手に入れる目的のために管理職を目指す人もいます。しかし、そうした動機で管理職になった人の多くは、「無事故・無違反」で定年退職を迎えることが目指すべきゴールとなってしまいます。そんなスタンスで仕事をしていて、楽しいことがあるのでしょうか。

管理職を目指す人には、「こんな学校をつくりたい」という確固たる思いを持ってほしいと思います。昨今、東京都では管理職試験の志望者が少なくなっていますが、それはつくりたい学校像を描けない人が多いからではないでしょうか。なぜ、そうなってしまったのかと言えば、学校教育が「自分の頭で考えられない人材」を社会に送り出し続けてきたからです。今までの学校教育の結果が自分たちの身にも降りかかってきたという、笑えない状況になっているのです。

私のつくりたい学校像のイメージやビジョンをより明確にしてくれたのは、映画『みんなの学校』でした。大阪市立大空小学校の実践を追ったドキュメンタリー映画です。大空小では、「すべての子どもの学習権を保障する」を合言葉に、障害のある子もない子も全員が同じ教室で学び、多様性を認め合いながら生活しています。具体的な学校像が明確に見えていなかった私にとって、大空小は一つの答えでした。大空小の中学校版をつくろうと考え、それ以後は改革を加速させていきました。

改革を進めていくにあたり、私には一つの戦略がありました。行政に対しては必要な情報以外は伝えないということです。実際に、もし「学校の校則をなくしたい」「中間テストをなくしたい」などと事前に教育委員会に相談していたら、ストップをかけられ実現しなかったことでしょう。

教育委員会の関係者が本校の校則廃止を知ったのは、新聞・雑誌などを通じてでした。恐らく、メディアで紹介されなければ教育委員会は知らないままだったでしょうし、私も静かに定年退職を迎えていただろうと思います。

もちろん、すべてを秘密にしたわけではありません。学校内で事故やいじめが発生すれば、校長には教育委員会への報告義務がありますので、こうした事項は法令に則って報告・連絡していました。一方で、校則をなくしたり、定期テストをなくしたりすることについての報告義務は、法律に規定されていません。そうした制度を知ったうえで、私は自身の責任である意味秘密裏に事を進めたのです。

学校を「治外法権」にしてはならない

学校で生徒が窓ガラスを割った場合、その補償を誰がするかは、故意であるか否かで変わってきます。一般的に、故意の場合は生徒の保護者が弁償しますが、過失の場合は学校側が公費で補償をします。こうした処置のあり方に、多くの教育関係者はなんら疑問を抱いていません。

しかし、街を歩いていて、何かの拍子で物を壊した場合は、どうでしょうか。故意であるか否かにかかわらず、弁償を求められるはずです。「わざとじゃなかったんです」という言い訳は、けっして通用しません。

つまり、学校と社会で異なるルール・常識が適用されているのです。こうした例は、ほかにも山のようにあります。たとえば街で人を殴れば「暴行罪」が適用されるのに、学校の中では「体罰」や「いじめ」として片づけられます。街で物を盗めば「窃盗罪」になるのに、校内では「問題行動」として扱われ、穏便に処理されます。

はたして、それでよいのでしょうか。子どもたちは一般社会に出たら、社会のルール、つまり法律というものを守って生活することが求められるわけです。それなのに、学校内に「治外法権」を適用して、子どもたちに社会のルールを守るということを学ばせる機会を失わせてしまっているのではないでしょうか。

学校に治外法権を適用すべきではない――私はそうした考えに基づき、校内においても法律や社会ルールに則って対応をしています。

実際に、２０１９年の1学期には二回、パトカーが来ました。うち一回はいわゆる「けんか」です。片方の生徒には「傷害罪」、もう片方の生徒には「暴行罪」が適用され、いずれも刑法に基づいて処分がなされました。もちろん、実際に刑罰が適用されたわけではありませんが、学校の外であろうと中であろうと、法を犯せば裁かれるという事実を生徒たちは身をもって学んだだろうと思います。

「家の鍵をなくした」という生徒の報告を受けて、警察を呼んだこともあります。「たかが紛失物くらいで……」と言う人もいると思いますが、悪意ある誰かが盗んだ可能性を想定すれば、校内で片づけられる問題ではありません。そのときは鑑識の人がパウダーを使って指紋の採取を行うなど、刑事ドラマさながらの光景が繰り広げられ、教員も生徒も興味津々に眺めていました。

過去にはこんなこともありました。複数の生徒が一人の生徒に一方的に危害を加える、学校で言うところの「いじめ」が起きていたのですが、加害生徒たちにいくら指導をしても、状況はいっこうに改善しません。私は加害生徒の保護者を呼んで、面談をしようとしました。しかし、何度電話をしても「忙しくて行けない」などとはぐらかされ、らちが明きません。

私は被害生徒の保護者と話し合った末に、弁護士を立てて民事訴訟を起こすことにしました。加害生徒の保護者は、訴状が届くや否や慌てて学校に電話をしてきましたが、自業自得です。一般社会なら暴行罪や傷害罪が適用されるほどの問題を無視し続けたわけですから。

かつては「警察への通報は教育の敗北」などと言う人もいましたが、現実社会で他人に危害を加えれば、法令に基づいて厳正に処分がなされます。そんな現実を肌身で感じるうえでも、学校を治外法権にしないことが大切だと私は考えます。

管理職志望者が学ぶべき二つのこと

管理職を目指す人に、学んでおいてほしいことが二つあります。

一つは、法律に関する知識です。私自身の学校経営は、校則の廃止や定期テストの廃止など、一見破天荒に見られがちですが、けっして法律を逸脱しているわけではありません。

むしろ法律をよりどころに、法律に則って実施しています。

たとえば、全国の中学校では年5回の定期テストを実施していますが、その実施義務はどの法律にも規定されていません。校則にしても宿題にしても同じです。実施する・しないの権限は校長にあり、校長の裁量一つで学校は大きく変えることができるのです。

その意味でも、校長はもちろん、教育関係者は法律に精通していることが大切です。各条文を細かく暗記する必要はありませんが、何かあったときに必要な箇所に当たれるくらいまでは、知識を深めておく必要があります。

私自身は管理職選考を受験する際に、学校教育法をはじめとする諸法律を徹底的に学びました。そのときに学んだ知識は、現在の学校経営に生かされています。学校でのトラブル・事故などが起きた際も、法律に関する知識は大きな武器となってくれます。

もう一つは、発達や心理に関する知識です。たとえば、毎朝遅刻をしてくる生徒に対し、多くの学校は「ちゃんと来なさい」と指導しますが、それで改善するケースはほとんどありません。大切なのは、なぜ時間どおりに来られないのか、その生徒の成育歴や発達特性などに着目し、発達心理学的な視点でアプローチすることです。そうした視点を持たないと、逸脱行為を力で押さえつけるような指導に陥り、それこそ「自分の頭で考えられない人材」を育てる指導へとつながってしまいます。

私は教職員に対しても、発達や心理学的な知識・理解を深めるように伝えています。以前、ある学級にいたずら好きの3年生がいました。ただの悪ふざけで済めばよいのですが、自分が飲んだ牛乳を他人のビンに注いだり、指示したことと真逆の行動をとったりと、やや度が過ぎることから、周囲の生徒たちも困っていました。

そんなある日、その生徒の担任が「ADHDではないかと思うのです」と私に相談しに来ました。なるほど、言われてみれば思い当たるところが多々あります。その後、その生徒は専門の医療機関にかかり、発達心理学的な視点から改善を図っていくことになりました。担任がADHDの可能性に気づくことができたのも、発達心理学に関する知識と理解があったからです。

校内の環境をどのように整えるか

不登校児童・生徒がいると、学校は「どう対応したら登校できるようになるか」を考えます。もちろん対応も大切ですが、私がそれ以上に重視しているのは「環境づくり」です。本校を初めて訪れた人は、いろいろな意味で学校環境の「ゆるさ」に驚かれます。本校はチャイムも鳴りませんし、授業はそれとなく始まり、それとなく終わります。加えて登校時間も自由。遅刻をしても、叱責されることはありません。

1階の職員室と校長室の前には、半円形のテーブルのほかに、ハンモックも置かれています。授業が始まっても、このスペースで本を読んでいる生徒もいれば、パソコンを見ている生徒もいます。その多くは、小学校の頃から不登校が続いていた生徒たちです。

そんなにゆるくて、本当に授業が成立するのか、学力が保障されるのかと眉をひそめる人もいるでしょう。確かに1年生の教室はかなり雑然としており、パッと見ただけでは授業中なのか休み時間なのかも区別がつきません。

しかし、中学1年生の段階から厳しい指導で生徒を統制すれば、学校生活になじめず、不登校になる生徒が出てくるでしょう。実際、不登校児童・生徒数は全国で15万人以上にのぼり（2018年度）、年々増え続けています。多くの子どもたちにとって、学校が安心して過ごせる場になっていないわけです。

本校の場合、1年生のうちは雑然としていても、2年生、3年生と上がるにつれて、教室の様子は変わっていきます。一人ひとりの生徒が勉強をすることの意味をよく理解し、主体的に学ぶようになっていくのです。恐らく子どものなかには、「よく生きよう」というプログラムが組み込まれているのでしょう。

そんな本校の教室を視察したある人が、「○○高校のような雰囲気がある」と、都立の進学校を引き合いに出していました。私服姿の生徒たちが、自律的に生き生きと学んでいる様子から、そんな印象を受けたのかもしれません。

どんな学校でも、生徒が教員に反発することはあります。本校も私が赴任した当時は、教員と生徒のぶつかり合いが日常茶飯事で、教員が怒声を飛ばしながら、生徒たちを力で押さえつけていました。一般的な中学校ではよく見られる光景です。

しかし、そうした指導に頼らざるを得ないのは、生徒との間に信頼関係が築けていないからです。さらに言えば、教員としての指導力がないから、そうした指導に陥ってしまうのです。

私の経験則で言うと、反発ばかりして扱いにくい学年ほど、教員との信頼関係が築かれれば自律的に勉強するようになり、成績も伸びます。鋭い感性を持っているからこそ、いろいろな矛盾や問題に気づき、本質をついてくるのです。そうした生徒たちを力で押さえつけようとすれば、反発を強めて問題行動を起こしたり、不登校になったりするだけです。

反発する生徒の声にきちんと耳を傾け、相互の理解を深めれば、生徒のベクトルはよい方向へと向きます。そうして然るべき方向へと生徒を導くのが、教員に求められる役割なのです。

非認知能力は学校の「環境」のなかで育つ

本校では、2年ほど前から非認知能力について教員間で勉強を重ねてきました。非認知能力とは、いわば学力では測れない能力のことを指し、具体的には自尊心や忍耐力などの「自己にかかわる心の力」、共感性や向社会力など「社会性にかかわる心の力」などがあげられます。

昨今は、学力などの認知能力以上に、これら非認知能力がその子の将来に大きな影響を及ぼしているとして注目を集めています。海外では、非認知能力を高める教育を受けた子どもの方が、将来的に高い社会的地位・収入を得るという研究結果も発表されています。

非認知能力を高めるために、多くの学校関係者は「どんな実践を行えばよいか」と考えます。しかし、自尊心や忍耐力、共感性などの力は、教員が教えようと思って教えられるものではありません。ここでも大切になってくるのは「環境づくり」です。

具体的には、子どもの言うことを否定しないこと、子どもの話を聞いてあげること、子どもに共感すること、能力よりも努力を褒めること、行動を強制しないことなどがあげられます。これらの働きかけや接し方は、日常的に本校の教員が実践していることです。校内にそうした空気をつくり出すことで、子どもたちの非認知能力は高まっていくのです。

一方、学力などの認知能力についても、社会を生きていくうえで必要な能力であることに違いはありません。しかしながら、本校では「それがすべてではない」との意識が、生徒の間にも浸透しているのでしょう。あるとき、女子生徒の一人がこんな話をしていました。

「友だちは歌がうまかったり、ダンスが得意だったりしてすごいなと思う。それに比べれば私なんか、すっからかん。勉強ができるくらいしか取り柄がない。だから、普通の高校・大学へ行って、普通の会社に就職するしかない」

その生徒の通知表は「オール5」。普通の学校なら肩で風を切って歩けるのでしょうが、勉強ができるだけでは自らのアイデンティティにならないという本校ならではのエピソードです。

教員に転職を勧める

私は若い先生には、転職を勧めています。民間企業でもいいし、大学等の教育機関でもいい。チャンスがあれば転職し、自らの可能性を大いに試してほしいのです。そして、いつか「やはり現場に戻りたい」と思うことがあれば、戻ってきてほしい。それだけの志があれば、教員採用試験もたやすく再合格できるでしょう。

転職を目指すうえでも、学校現場の日々の仕事を通じて、さまざまなスキルを高めてほしいと考えています。たとえば保護者から苦情が寄せられたら、対応のスキルを磨くよい機会だと捉え、前向きに応じるのです。子どもから反発されたときも同じで、多様な個性を持つ子どもともきちんと向き合い、対話を重ねていけば、そのコミュニケーション・スキルは民間企業でも十分に通用することでしょう。

一方で、民間企業からも多くの人が教員を目指してほしいと思います。私自身は公立学校しか知りませんので、民間出身のいわゆる民間人校長と話をすると、その発想や着眼点に感心させられます。本校にも海外勤務経験のある英語科の教員がいますが、指導力の高さは抜群です。

教員のキャリアを豊かにするため、教育委員会が「キャリアプラン研修」を用意しています。しかし、これらの研修は、民間企業にたとえれば社内でのキャリア・アップを教えているようなものです。本当の意味で世界観を広げるためにも、チャンスがあれば転職をするくらいの気持ちを若い先生には持ってほしいと思います。

そもそも現代社会は、終身雇用の概念が薄れてきています。多くの人が、自らのスキルを磨き、より自分を高く評価してくれるところへ転職しています。一方で、自らのスキルを磨かなければ、リストラの憂き目に遭う可能性もあります。

実社会がそういう状況にあるのですから、教員も「採用試験に合格すれば一生安泰」とは考えてほしくないのです。そうした考えは自らの可能性を狭めるだけでなく、困難に直面したときに逃げ場を失いかねません。だからこそ、日々の仕事を通じてスキルを磨き、自らの可能性にチャレンジしてほしいのです。

今の自分をつくった養護学校時代の経験

私はもともと人づきあいが苦手で、大学卒業後はコンピュータ関連企業に就職したいと考えていました。ところが、当時はオイルショックによる不況の真っただ中。工学系企業の採用は、ほとんどないような状況でした。

ならばいっそのこと、余暇を使って趣味を楽しむような生き方をしたい――そんな思いが芽生えるなかで、何かピッタリな仕事はないかと考えました。そして、ふと「学校の先生なら夏休みがある！」と思ったのです。今思えば何とも単純な動機です。

私が教員になって最初に赴任したのは、重度の肢体不自由児が在籍する養護学校、今で言う特別支援学校でした。子どもたちの多くは、自分一人では食事も排泄もできません。恥ずかしながら、私は着任するまで、そうした子どもが通う学校が世の中にあることさえ知りませんでした。

もともと人づきあいが苦手な私は、そうした生徒とどのように向き合ってよいか分からず、途方に暮れていました。そして、他の教員がやっていることをただじっと見ているだけで過ごすような日が続きました。

そんな私に、教員としての喜びややりがいを教えてくれたのは、ほかならぬ子どもたちでした。養護学校の子どもたちは、思うように話せないなかでも必死にコミュニケーションをとろうとします。そうした姿を見ているうちに、「まずは自分も言葉や身振りで意思表示をしてみよう」と考えるようになったのです。

養護学校には3年間在籍しましたが、最後の方は自分でも驚くほど子どもとコミュニケーションがとれるようになっていました。そして、いつの間にか人と話をすることが好きになっていました。人見知りの激しい私の性格を子どもたちが変えてくれたのです。

若い先生は子どもたちとたくさん遊んでほしい

3年間の養護学校勤務の後、私は中学校へ異動になりました。その学校はいわゆる「教育困難校」で、不良と呼ばれる生徒もたくさんいました。着任前の春休み、私が校長先生のところへあいさつに出向くと、数人の生徒が廊下にたむろし、段ボールを燃やして「たき火」をしていました。それが学校の日常的風景でした。

本来なら血相を変えて指導すべきなのかもしれませんが、私はそうした生徒に不思議なくらい腹立たしさを感じませんでした。教員に反発する姿、廊下を走り回る姿、そのすべてが新鮮で愛おしかったのです。

養護学校で見てきた子どもたちは、自分一人では教員に反発することも走り回ることもできません。たとえ教員に理不尽なことをされたとしても、自分の世話をしてくれる人ですから、従うしかないのです。

それに引き換えこの学校の生徒たちは、自分一人で学校に来て、ご飯を食べて、元気に走り回っている。それだけでもすばらしいことのように思えました。

この学校で3年生を受け持ったときのことです。この学年は、問題行動の著しい生徒が多く、誰がその生徒たちの担任になるかで揉《も》めていました。私は彼らのことを放っておけなかったので、全員引き受けることにしました。代わりに、まじめで勉強のできる女子生徒も自分のクラスに配置してもらいました。

私のもくろみは的中しました。当初は、露骨なクラス編制に一部の生徒が反発しまくっていましたが、高校受験が近づくにつれ、心配になった女子生徒が彼らに勉強を教えてあげるようになったのです。結局、ほぼすべての生徒が高校進学を果たしました。

若い先生にアドバイスを送るなら、子どもと同じ目線に立って、たくさん遊んでほしいということです。子どもだからといって、上から目線で接してはいけません。人生のことも、友人関係のことも、恋愛のことも、子どもは大人も同じくらい真剣に、深く考えています。「教師」という鎧をまとってえらそうに物申せば、子どもたちは「つまらないヤツ」と思って信頼してくれないでしょう。また、自分ができないことを子どもに言ってはいけません。子どもはそうした大人の詭弁を見抜いています。

同じことは校長にも言えます。自分ができないことを教員に求めてはいけません。大切なのは、何事もやってみせること。生徒指導や保護者対応はもちろん、ときには授業のやり方についても自らやってみせることが大切です。自分ができもしないくせに教員を叱っているようでは、信頼関係など築けるはずがありません。

校長は学校の責任者であり、人事などの面で権限を握っています。この点では、ピラミッド型組織の頂点にいるわけで、ときにはトップダウンで指揮しなければならないこともあります。また、何か問題やトラブルが起これば、責任者として矢面に立たねばなりません。

しかし、それら一部の権限を除けば、関係性はフラットであるべきだと考えています。たとえば、本校の教務主任はまだ30代前半ですが、発想が豊かで、私よりはるかに高い能力を持っています。私がトップダウンで指揮するより、その教員の意見を取り入れ、任せられる部分は任せた方が、よほど学校がうまく回ります。

職員会議の進行と運営も、基本的には教員に委ねています。もちろん、前提として校長・教員間の合意形成は図っていますが、細かなことには口を挟みません。その方が、教員自身が自律的に、自分の頭で考えるようになると考えているからです。

第 4 章

公立学校に存在する「壁」の数々を溶かしていく

小髙美恵子　埼玉県戸田市立戸田第二小学校長

おだか　みえこ

埼玉県内の小学校教諭、市教育委員会指導主事、教頭を経て、2013年度より現職。戸田第二小は校長職として２校目である。「全ての人を笑顔に」をミッションに、人生100年時代を支える学びを創る「未来の教室」をビジョンとして学校経営を進めている。プロジェクト型校内組織をベースにした、産官学民との連携とEBPM（客観的な根拠）による授業改善が経営戦略の柱。「何でもみてみよう」「何でもやってみよう」をモットーに、変化を楽しむ日々を送っている。

公立学校の存在意義を問い直す

昨今は、社会の高度情報化・ICT化が進み、インターネット上で多くの情報が得られるようになりました。教科書にある知識・技能も、その多くがネット上の動画コンテンツ等で学ぶことができますし、ズームを使えば遠隔地を結んだ学び合いも可能です。実際、海外の大学等では、オンライン動画等を活用して自宅で学べる仕組みも整えられつつあります。日本においても、ICTインフラの整備がハード・ソフト両面から進められており、こうした変化の波は遅かれ早かれ押し寄せてくることでしょう。

そうした時代にあって、公立学校の存在意義とは何なのか、今一度問い直す必要があります。ネット上で大半のことを学べる時代にあって、朝早く学校に来て、同じ年齢の者同士が同じ教室に入って、1日5～6時間の授業を一斉に受ける。その意義と必要性とは何なのか。学校という仕組み自体が本当に必要なのか——日本人の多くは、6歳になれば小学校へ行くのが当たり前だと思っていますが、実社会の変化を見る限り、公立学校の存在意義が薄れてきているように私には見えます。

その意味で、公立学校の教員、とくに管理職は危機感を持たねばなりません。6～9教科の枠組みで、40人の学級集団で、教科書の内容を淡々と教えていくような授業をしていてよいのか。学校の常識を疑い、数々の壁を溶かしながら子どもたちの学びを構築していかないと、公立学校は早晩、社会から見放されてしまうでしょう。

本校では、そのような危機意識のなかで、公立学校の果たすべき役割を「組織目標」として打ち出しています。その最上位ミッションは「全ての人を笑顔にする」というものです。笑顔とはじりつ（自立・自律）、子どもたちはもちろん、保護者や地域住民、教職員等、学校を取り巻くステークホルダーの全てを笑顔にすることを目指しています。

今の小学生は、100歳以上生きると言われています。そんな彼ら彼女らが、マルチステージ制でキャリアを積みながら、笑顔で人生を全うできるようにするには、今、どのような学びをつくればよいのか――非常にむずかしいテーマです。

第1ステージとして見据えているのは「20年後」で、彼ら彼女らが26～32歳となったときに、笑顔で社会の担い手になっているためにはどうすればよいのか。本校の教員には、常にこの命題を意識しながら、日々の授業づくりに取り組んでほしいと伝えています。最近は、そうした意識が浸透してきており、そのための授業づくりについて、教員が職員室で情報交換をし合う姿も頻繁に見られます。

学校にある多くの「壁」を溶かしていく

公立学校には、多くの「壁」が存在します。教育関係者をはじめ、多くの人々はその壁を当たり前のものとして捉え、壁があることに何ら疑問を持たず、日々の生活を過ごしています。しかし、この壁を溶かしていくことが、公立学校の存在意義という観点からも必要なのだと私は考えています。

具体的にどんな壁があるのか。数えれば枚挙に暇がありません。たとえば「同一年齢集団の壁」があります。日本の学校は、学年によって区切られていて、同じ年齢の子どもたちでクラスを編制し、ともに学びます。誰もが当たり前のことと捉えていますが、一方で社会に目を向ければ、同じ年齢で構成された集団など、どこにも見当たりません。それなのに学校だけが横並びのままでよいのか、考え直していく必要があります。

教科という枠組みも、壁の一つだと思います。小学校の教育課程は、国語・算数・理科・社会などの教科に区切られ、それぞれに教育課程が示され、教科書があります。公立学校の教員は、その枠組みのなかで授業をし、成果を出そうとしています。しかし、社会に目を向ければ、教科の枠組みを意識して仕事をすることはなく、あらゆる教科、あらゆる領域の知見を総合的に活用しながら仕事をしています。それなのに学校には教科間の壁があって、教員に縄張り意識がある。それがよいのか、検討が必要でしょう。

大学進学時に「文系」「理系」の選択を迫られますが、これも一つの壁でしょう。あるいは、公立学校で行う「公教育」と家庭や民間で行われる「私教育」の壁、「教科主義」と「経験主義の壁」、「実践知や暗黙知の壁」「前例踏襲の壁」など、公立学校に存在する壁をあげればきりがありません。

こうした壁や枠組みを、私たち学校関係者は当たり前のこととして受け入れながら、粛々と仕事をしています。大量生産・大量消費の時代においては、それでよかったかもしれませんが、現代はＡＩが普及し、人間に取って代わると言われる時代です。今のままで、ＡＩと共存し、創発する人財を育てていくことができるのか、「20年後」の社会を笑顔でたくましく頼もしく生き抜ける人財を育てられるのか、真剣に考えねばならない時期に直面しています。そのためにも、「当たり前」を疑い、立ちはだかる壁の数々を溶かしていくことが必要なのです。

日本社会は今、少子高齢化をはじめ、多くの課題を抱えています。こうした課題を解決するために、「Society5.0」（超スマート社会）が提唱され、ＡＩやＩｏｔ、ビッグデータ等を活用していくことが求められています。こうした社会を築けるか否か、それは教育にかかっていると言っても過言ではありません。その意味で、公立学校の校長や教員は、自分たちが未来をつくるのだという意識と覚悟を持つことが必要であると強く思います。

先が見えない未来に責任を持つ「覚悟」

20年後の社会がどうなっているかなんて、誰にも分かりません。その意味で、校長が自らの知識と経験だけを頼りに学校経営をしてはならないというのが、私の持論です。

校長のなかには、自分が教員として長年取り組んできたことを、自校の学校経営の柱に据えようとする人がいます。もちろん、それが目の前の子どもの実態に即していることであれば何ら問題はありませんし、実際私も「管理職になったら、校内の指導主事となって先生方をリードしていきたい」と言っていた時期もありました。しかし、今私は、それは子どもたちにとって不誠実以外の何物でもないと思っています。20年後、30年後を生きる子どもたちに、半ば古くなりかけた知識・技能が果たして本当に必要なことなのか、「子どもファースト」で一度立ち止まって考えてみるべきではないでしょうか。

同じような観点から、校長が教職員に過去の成功体験を語るのも望ましくないと思います。そうでなくても教員はまじめですから、校長が授業論を語ったりすれば、「校長先生のようにやらねば」と忖度してしまいます。

子どもは未来からの留学生です。その子どもたちに、私たちは誠実であり続けなければなりません。

本校では、予測不能な社会を生きる子どもたちに必要な資質・能力を「創造性」という言葉で集約しています。では、「創造性」を育む授業は、どのようにつくればよいのか。はっきり言って正解はありません。だからこそ、教職員が知恵を出し合いながら、ともに考えていく必要があります。この議論において、「校長」や「教頭」などという職位は何ら意味を持ちません。校長や教頭も、少しだけ経験知のある一メンバーに過ぎないという意識が必要です。

言い方を変えれば、校長が一人でがんばりすぎる必要はないのです。本校は「共創」を合言葉に、皆がフラットでフレキシブルな関係のなかで教育活動をつくりあげていくようにしています。校長一人ががんばっても、よい学校がつくれるはずなどない――そのような認識のもと、全員が力を合わせてチャレンジするスタイルを貫いています。「全員参加」で「やってみる」が合言葉です。

「共創」において大切なのは、メンバーの一人ひとりが意思を持つことです。全員で力を合わせるとき、誰か声の大きい人に周囲が合わせているようでは、よい結果は生まれません。一人ひとりが意思を持ち、互いが承認し合いながら知恵を出し合い、「1」を「1・1」にし、「1・2」にしていく。そうした積み上げがあってこそ、「共創」が実り多きものとなるのです。

では、「共創」の時代において、校長に求められる役割とは何か――私は「責任をとる」ことだと考えています。

前述したように、現代社会は先が見えない濃霧の中を歩いているようなものです。ゴールがどこにあるのかなんて、誰にも分かりません。どこかに想像もしないリスクが潜んでいる可能性もあります。そんななかで多くの教員が不安を感じながら前へ進んでいるわけですから、「何かあれば私の責任」と意思表示し、皆を後押しするのが、校長の役割だと考えています。

本校では、「20年後の未来」を見据え、子どもたちに必要な資質・能力とは何かを追究し続けてきました。不思議なもので、研究を重ねれば重ねるほど、目の前の霧は深くなっているような印象があります。正解のない問いに挑むということは、そういうことなのかもしれません。

教育は常に責任を伴います。世の中には、子どもの課題を家庭のせい、保護者のせいにしたがる教員も少なからずいます。が、そうした保護者を育ててきたのは誰かと言えば、かつての学校であり教員です。つまり、保護者のせいにするというのは、自分たちの責任を放棄し逃げていることになるのではないでしょうか。

先の見えない濃霧のなかを進むのに、責任が伴うというのは、考えてみれば理不尽な話です。しかし、誰かがその役目を果たさねばなりません。先の見えない未来に責任を持つこと、そして結果に言い訳をしないこと。それこそが、本書のタイトルでもある「校長の覚悟」なのだと思います。

60%ぐらい考えたら、チームで動きながら考える

校長の大きな役割をもう一つあげれば、適切な声かけ・働きかけを通じて、教員に自信を持たせ、モチベーションを維持することです。

学校には、実にさまざまなタイプの教員がいます。何事も躊躇せずにぐんぐん突き進ん

でいく教員もいれば、石橋を叩いて渡らないような慎重な教員もいます。一般的に、前者の方がリーダーに向いているように思えますが、必ずしもそうとは限りません。どんなタイプの教員も、本人のやる気と校長の適切な働きかけがあれば、リーダーとして活躍できると私は考えています。

本校には3つのプロジェクトがありますが、そのリーダーのうちの一人は、どちらかといえば「石橋を叩いて渡らないタイプ」です。計画の作成を依頼すると、驚くほど細かく、緻密なものをつくりあげます。想定内を広く持ち、信頼できる人物ですが、足元を完璧に固めないと前へ進めない、そんなタイプだとも言えます。

そんな彼がプロジェクトリーダーに立候補したときは、正直に言うと、一抹の不安を覚えたことも確かです。プロジェクト自体のスピードが落ちるのではないか……と思ったのです。

ただ、結果はよい方へ裏切られました。今では期待以上の動きをしています。本人曰く、「校長先生が、『60%ぐらい考えたら、チームで動きながら考えていけばいいのよ』と助言をしてくれたことが大きかった」とのことです。

これからの教育は、完成度を100%にしてから前に進むのでは、時代のスピードについていけません。70%程度で「走りながら考える」ことが大切だと私は考えています。ちなみに、その教員に私が「60%」と伝えたのは、彼の慎重すぎる性格を考慮してのことで、行動が先走るタイプの教員には「80％」と伝えることもあります。

未来の教室に一流のトレーナーはいらない

教員はとにかくまじめなので、視野が狭くなりがちです。漢字の書き取りにしても、算数の計算問題にしても、子どもたちの正答率を上げることに躍起になってしまうことは珍しくありません。最近は、全国学力・学習状況調査など数字的なエビデンスが求められていることもあり、学力向上に対する意識は以前よりも高まっているように思います。

もちろん学力を高めることは大切ですが、成績それ自体が直接20年後の社会で活躍できる資質・能力になるわけではないことも忘れてはなりません。学力は、未来を生き抜くための「手段」の一つであり、「目的」ではないのです。「手段の目的化」は、学校教育において起こりがちなので、校長が適切な声かけを通じて、視野を広げる必要があります。

また、学力的な数値、エビデンスを高めることにばかり目を向けていたら、子どもたちはもちろん、教員も息苦しくなります。不登校児童・生徒の増加は、そうした息苦しさのなかで生じている現象なのかもしれません。私はよく、「教室に一流のトレーナーはいらない。先生方には、子どもを導くコーチやファシリテーターになってほしい」と教員に伝えています。目の前の成績にコミットするよりも、20年後の社会を見据えて、必要な資質・能力を高めていく、その視点こそが大切なのです。

校長の大きな役割の一つは、広い視野を持って、教職員の仕事に「価値づけ」をすることです。「学びの羅針盤」をもとに、今、取り組んでいることが、学校の全体計画、20年後を目指す教育のなかで、どのような価値を持っているのか、どのような位置にいるのか。それを分かりやすく提示するのです。もし、学力が上がったのであれば、それが20年後を目指す「学びの地図」において、どのような意味を持つのかを示す。そうした「価値づけ」をすることで、教職員の視野は広がり、モチベーションは高まります。

教員とこまめにコミュニケーションするために、私は校長室と職員室の扉は常に開けっ放しにしています。加えて、私自身は頻繁に職員室を訪れ、油を売っています。そこで交わす会話の多くは、仕事のことよりもたわいないプライベートなことです。

かつての校長は、リーダーとしての品格や威厳が求められていましたが、これからの校長には教員とフラットな関係性のもと、何でも気さくに会話できる力が必要だと私は考えます。前述したように、濃霧の中を歩いているような状況の教員が、安心して前へ進むためには、校長が傍らに寄り添い、安心できる環境が必要でしょう。「コントロール型」のリーダーではなく、「サポート型」のリーダーが求められているのです。

校長は学校の「外」に目を向けておくべき

教員は、視野が狭くなりやすい傾向があるので、校長は常に視野を広く持っておく必要があります。とはいえ、それも校長にとってけっして簡単なことではありません。2020年度から本格実施となる新学習指導要領はもちろん、文部科学省や教育委員会から通知・通達などが矢継ぎ早に降ってくるなかで、校長自身の視野が狭くなってしまうことは往々にしてあります。

その意味でも、校長は学校の「内」以上に「外」に目を向けていかねばならないと考えています。国内外の社会情勢に目を向け、その動向を把握しながら、教育活動全体をモニタリングしていくことが必要なのです。

私自身、教師として一流だったかといえば、けっしてそうとは思いません。しかし、教師に求められる能力と、校長に求められる能力は、非なるものだと考えています。言い換えれば、名教師たる人が、必ずしも名校長になれるとは限りません。

管理職を意識するようになって以降、私は教育書よりもビジネス書を好んで読んでいました。松下幸之助氏や稲盛和夫氏などのカリスマ経営者の本は何度も読み返しましたし、新興企業経営者たちの斬新なマネジメント本も幅広く読みあさりました。それら書籍を通じて得た知見は、現在のマネジメントにも大いに役立っています。

子どもたちは、ずっと学校にいるわけではありません。遠くない将来、学校を巣立ち、実社会へと飛び立ちます。そこがどんな世界で、どのような資質・能力が必要なのか、校長が把握・理解していなければ、教育活動のグランド・デザインなど描けるはずがありません。だからこそ、校長は学校の「外」に目を向けなければならないのです。「外」に目を向けるという意味で、外部団体等との連携も重要です。20年後の社会で活躍できる資質・能力を育むうえで、学習活動が学校の「内」だけで完結するはずはありません。そうした認識のもと、本校では業種も規模も異なる数多くの企業と連携し、知のリソースを活用しながら教育活動を進めています。企業や研究機関は、教育に関する知見やノウハウを持っていますが、その有効性を検証する場がありません。一方、学校現場は授業を行い、検証することができます。双方の強みを生かした連携はどちらにもメリットがあり、まさにWin-Winの関係を築くことができるのです。

経営は「ヒト・モノ・カネ」が資源だと言われますが、校長はその全てを自由に操れるわけではありません。しかし、情報や時間など、マネジメントできる要素は多く、校長の舵取り一つで、教育活動の中身やその充実度は大きく変わってきます。予算や施設・設備などの制約があっても、地域や企業の人などを巻き込んで、大きなプロジェクトを立ち上げることだって可能です。

校長として最も嬉しい瞬間は、自身のマネジメントを通じて、子どもたちや教員が生き生きと躍動する姿を見たときです。本校はＩＣＴ活用や英語教育の先進校と言われていますが、そうした点を褒められるよりも、「子どもや先生方の笑顔があふれていますね」「どの教室を見ても、子どもたちが楽しそうに学んでいますね」などと言われる方が、はるかにうれしいです。下世話な言い方になりますが、お給料をもらいながらそんな喜びを得られるなんて、校長はなんてすばらしい職業なのだろうと思います。

職員が笑顔で生き生きと働ける職場をつくりたい

よく、「なぜ管理職を目指したのか」と聞かれますが、正直なところ、私自身もよく分かりません。あえてあげるとすれば、誰にとっても「働きやすい職場をつくりたい」との思いがあったからでしょうか。

教員のなかには、若い頃から管理職志向が強く、それを目指して着実にキャリアを積んでいく人もいます。私はけっしてそういうタイプではありませんでした。私の若手時代をよく知る人は、私が校長をしていると聞いたら驚くだろうと思います。

転機となったのは、私自身の子育てでした。教員の家庭は子育てが疎かになってしまうこともあるのですが、私自身はできるだけ自分の子どもに手をかけたいと思っていました。また当時、日本は「ゆとり教育」の方針が打ち出され、その是非があらゆる方面で取りざたされていました。そうした不確かな時代のなかで、自分の子どもを含め、教育がどうあるべきかを深く考えるようにもなっていました。

幸い、当時の管理職や同僚に恵まれ、私は子育てに十分な時間を割くことができました。子どもの行事や授業参観等にも、年休をとって参加することができましたし、運動会は同日開催にもかかわらず、勤務校の運動会を少し抜け出してわが子の晴れ姿を見に行くワガママも認めていただきました。

今思えば本当にありがたいことです。そうした経験を重ねるなかで、私は教職員が働きやすい職場づくりの必要性を考えるようになりました。そして、子育てや介護などを抱えていても、お互い様の心で生き生きと笑顔で働ける、そんな学校をつくりたいとの思いが、徐々に芽生えていったのです。

今も、「教職員一人ひとりが誰一人取り残されず笑顔で生き生きと働ける職場をつくる」というのが、私のマネジメントの基本となっています。本校には現在、育休明けやイクメンの教員が10名ほどいますが、いずれも周囲のサポートを受けながら、子育てとの両立を図っています。

教育関係者の間ではよく知られていますが、教員の子どもが、不登校になったり、素行が悪かったりということは珍しくありません。理由は前述したとおりで、忙しすぎて自分の子育てに手が回らないからです。しかし、家庭でそうした心配を抱えた人が、保護者等に対して子育て論を語ることなどできるでしょうか。その意味でも、教員の家庭が安定していることは大切だと私は考えています。

私が目指す「理想の校長像」のベースはそこにあります。教職員一人ひとりが安心して過ごせる職場、そして人が「育つ」職場をつくることができる校長です。学校では、「教職員を「育てる」ことが重要と言われますが、私はこの言葉があまり好きではありません。子どもも教員も、「育てる」のではなく、自ら「育つ」のです。そのための条件を整えられるのが、優れた校長だと考えています。

100回言い聞かせるより、システムをつくることが大事

「人が育つ職場」はどのようにつくっていけばよいのか——大切なのは、二識の改革。意識・組織を変えるシステムをつくることだと私は考えています。

2019年、ラグビーのワールドカップ大会が日本で開催され、「ONE TEAM」という言葉が流行語大賞に選ばれました。とてもよい言葉ですし、学校も「ONE TEAM」になれれば、組織として強力な力を発揮するでしょう。

とはいえ、校長が声高に「ONE TEAM」や「チーム学校」を100回、200回叫んだとしても、教職員はしらけるだけ。大切なのは、システムづくりを通じて、自然と「ONE TEAM」な状態をつくっていくことだと考えています。

そうした観点から、本校では通常とは異なる校務分掌組織を敷いています。具体的には、複数の分掌組織を束ねるかたちで、「A学力向上プロジェクトチーム（Aプロ）」「B児童支援プロジェクトチーム（Bプロ）」「C健康教育プロジェクトチーム（Cプロ）」の3つのプロジェクトチームを置いています。

たとえば「Bプロ」は、「生徒指導委員会（いじめ防止対策推進委員会）」「教育相談部会」「道徳教育部会」「特別活動部会」「特別支援教育校内委員会」の5つの分掌組織を包含しています。教員は、これら縦割りの分掌組織に所属しつつ、Bプロにも所属します。端的に言えば、組織がマトリクス型になっているのです。

これらのプロジェクトチームは月に一回会議を行い、メンバー間で課題を出し合います。たとえば先日のBプロ会議では、「児童のあいさつの声が小さくなってきた」という課題があがりました。この課題に対し、分掌組織ごとに解決策を提示します。「生徒指導委員会」からは○○、「教育相談部会」からは○○、「道徳教育部会」からは○○……といった具合です。そうして提示された解決策は、即実行へと移され、さらに1ヵ月後の会議で検証され、成果が出ていなければ別の改善策を検討します。こうしたスモールステップのPDCAサイクルをスピーディに回しながら、諸課題の解決・改善を図っていくのです。

このプロジェクトは「ミッション型」になっているので、通常の校務分掌組織と違って、目的が明確化されています。本校では年度当初、学校経営の重点を踏まえ、チームメンバー全員で今年の重点目標を決めています。たとえばBプロの2019年度の重点目標は「自己有用感の育成」であり、全ての活動はここに向かって計画・実施されます。目的が共有されることで、チームとしての意識が醸成されるのです。

また、通常の分掌組織は縦割りの組織になっているため、コミュニケーションをとる教員が限られがちです。他方でマトリクス型のプロジェクトチームは、教員がより多くの先輩・同僚と会話をすることができ、組織としての一体感が生まれます。

なお、各プロジェクトチームには責任者となるマネージャーがいて、決裁権の多くを与えています。私自身は、各プロジェクトチームの取り組みに口を出すことはありませんし、会議に参加したとしても、一教員と同じ立場で発言する程度です。そうやって「委ねる」ことで、個々の教員の現状把握力や課題発見・解決力、政策形成能力が高まっていきます。

教職員が笑顔でいられる条件の一つは、「自己決定」ができることです。管理職が決めたことに、ただ従うだけの毎日ほど苦痛なものはありません。大切なのは、教員一人ひとりが自ら判断し、決定し、行動することです。日々の仕事でこうした機会が確保されれば、一人ひとりの充足感が高まり、自律性も高まっていきます。そして「考える」組織へと成長していくのです。

このプロジェクトは、教員が日頃「こうしたらいいのに」「こんなことができたらおもしろいのに」などと考えていることをアウトプットする場としても機能しています。若い教員の発想力や柔軟性はすばらしく、校長の古びた頭よりも、よほどユニークで有意義なアイデアが次々と生まれてきます。

このシステムを敷いたことで、教員同士が仕事のことでコミュニケーションを図る機会が増えました。つまり「風通し」がよくなったのです。風通しのよさは組織において非常に重要ですが、これだって校長が声高に叫んだところで生まれません。この点でも、システムをつくっていくことが大切だと分かります。

失敗で落ち込まないためには、「目標」を見失わないこと

私は元来、くよくよしない性格で、仕事の失敗で落ち込むことがありません。周囲から「大変ですね」と言われるようなときも、私自身は何が大変なのか、さっぱり分かっていないなんてことが日常茶飯事です。

持って生まれた気質と言えばそれまでですが、そんな私が「失敗にくじけないための心がまえ」をあえてあげるのならば、「目標」を見失わないことでしょうか。

先ほども述べましたが、学校教育では「手段」と「目的」がすり替わってしまうことが頻繁にあります。全国学力・学習状況調査にしても、本来であれば結果をもとに授業のあり方を検討し、改善していくために行うものにすぎないはずですが、ここでよい点数をとること自体を目指してしまうケースは珍しくありません。実際、結果を教員の業績評価、学校予算の配当などに活用しようとする動きもあります。全くもって本末転倒な話です。

校長自身が「手段」と「目的」をはき違え、学力調査の結果に執心すれば、学力という一指標に一喜一憂することになりかねません。逆に、「20年後の社会で活躍できる子どもを育てる」という大きな目標を見据えてさえいれば、学力調査の結果に翻弄されることな

く、「次の一手」を考えるだけだと思えます。

ちなみに埼玉県が実施している学力調査は、児童・生徒一人ひとりの「伸び率」を見られるため、非常に有益です。「伸び率」が分かれば、学校はより正確に学習指導法の分析・検証・考察ができ、指導方法を改善していくことができます。これまでの「平均点の比較」という呪縛から解放され、「手段の目的化」から脱却するという意味でも、「伸び率」が可視化される学力調査の意義は大きいものがあります。

話を戻すと、いじめの認知件数や不登校児童・生徒数などを過剰に気にする校長もまた、少なくありません。以前、ある教育関係者から「校長先生は、自分の学校の不登校児童・生徒数をちゃんと認識されているんですか?」と詰め寄られたことがあります。もちろん、不登校やいじめの数は少ないに越したことはありませんが、私に言わせれば、そうした数値を過剰に意識しすぎるから、隠蔽が起こるのです。

何かトラブルがあった場合も、誰かからクレームを受けた場合も、それを受けてどうするか、次の一手を考えればよいのです。目指すべきは、「20年後の社会で活躍できる子どもの育成」であり、そこを見失わずに一つひとつクリアしていけばよいのです。そうしたトラブルへの対処も、ゴールを目指すうえで必要なプロセスの一つであると捉えれば、けっして深刻にはならないと思います。

本校の全国学力・学習状況調査の成績は、全国一と言われる県の平均点よりも上位に位置しています。しかしながら、学力調査の数値は、校長も教職員もほとんど気にしていません。目先の点数にこだわらず、「20年後」を目指して資質・能力ベースの教育を4年間にわたって実施してきた結果として、学力も着実に伸びているのです。この事実は、注目すべきことだと思います。

「コンテンツベース」ではなく、「目的ベース」で考える

本校のある戸田市は、英語教育やＩＣＴなどの学びの最先端自治体として知られています。実際、本校でも関東一と言われるＩＣＴ環境や産官学との連携を推進できるという恵まれた環境のもと、プログラミング教育や英語教育、「セサミストリートカリキュラム」、リーディングスキルなど、さまざまな実践を行っています。視察に訪れる関係者のなかには、本校のハード面・ソフト面を見て、「戸田市はいいですね」などとうらやましがる人も少なくありません。

戸田市が特別なのは確かかもしれませんが、私自身は、プログラミング教育も英語教育も、手段の一つにすぎず、それを実践することを目的にしてはいけないと考えています。目標としているのは「20年後の社会」であり、ここで活躍できる資質・能力を育むためにそうした手法やツールを用いているだけです。もし、ほかにもっとよいツールが見つかれば、すぐにでも乗り換えます。

各学校がやるべきことは、「どんな子どもを育てるのか」を教員同士でディスカッションして定め、その目標を達成するために、今ある物理的環境を最大限に活用していくことです。どうしてもハード面で必要なものがあるとなれば、それをどのように調達するかを考え、企業等との連携を模索するのも手です。そうやって「目的ベース」で考えれば、「○○だからできた」などとは考えないはずだと思います。「コンテンツベース」で考えるから、隣の芝が青く見えるのです。

学校において「できないことの言い訳」はいくらでもあげられます。目標の到達に向けて、本当は必要な取り組みでも、「子どもの学力が伴っていないから」「保護者の了解が得られないから」「忙しいから」「○○がないから」などと言えば、やらずに済みます。実際、そうして前例踏襲を続けている学校は少なくありません。

新しい取り組みに対し、学校関係者の多くは「面倒」「負担」と捉えます。しかし、「負担」だと思うこと自体が、コンテンツベースで物事を考えている証拠です。「目的ベース」で目指す子ども像を考え、その達成に向けて最善の手段を選ぶのであれば、新しい取り組みを「負担」とは思わないでしょう。さらに、「目的ベース」で考えると、取り組みのスクラップ&ビルドもぶれずにできるはずです。

今、急速に進められているＧＩＧＡスクール構想も、端末を整備することや使い方のスキルアップのみに注視していると、せっかく導入された機器が文鎮化する恐れがあります。

ＩＣＴは、これからの学びにはマストアイテムです。だからこそ、タブレットが文房具になるためには、「どんな子どもに育てたいのか」、そのために「どんな学びのカタチをめざすのか」の納得解を全職員で導き出すことが大切でしょう。「HOW to」から「WHAT to」へのシフトチェンジです。

学校外の人とつながりを持つ

最近の若い教員は、とにかく優秀でまじめ、何事も一生懸命取り組みます。学生時代から教育ボランティアに参加していたり、塾で子どもたちを教えていたりする人も多く、その教育熱心さには感心させられます。

私の学生時代はというと、「何でも見てみたい」「何でもやってみたい」と、旅行に行ったり、さまざまなカルチャースクールに行ったりと、思い返せば遊んでばかりいました。学校や教育に対してもどこか冷めていて、教師という仕事への期待もさほど大きくなかったように思います。

あるいは、そうした思考やライフスタイルが、今の自分のベースをつくってきたのかもしれません。「教える」ことにのめり込まず、教育以外のことに目を向け、学校内外のあらゆる人たちとの交流を楽しむ。そうして蓄積してきた知見やネットワークは、今現在の仕事に存分に生かされています。

教育は未来の社会をつくる仕事です。その意味でも校長は、学校の外側にある社会を自ら見て、変化に敏感でなければなりません。だからこそ、これから校長を目指す人には、学校関係者以外の人とのつながりを楽しんでほしいと思います。

本校には大学生も訪れますが、なかには自らベンチャー企業を立ち上げ、若くして社会で活躍している人もいます。年齢的には小学6年生と10も違わないわけですから、すごいことです。子どもたちにとってはよいロールモデルで、教職員の間でも「あんな大人に育てたいね」とよく話しています。社会には、そんな魅力的な人財があふれているわけですから、学校の教員、とくに管理職を目指す人には、積極的に外部とかかわりを持ってほしいと思います。そうしたつながりは、必ず、苦しいときの支えになってくれるはずです。

仕事に対する考え方は人それぞれで、世の中には就労を「生活の糧を得るため」と割り切って考える人もいます。もちろん、生き方は人それぞれなのでかまいませんが、私自身は1日の大半を占める仕事の時間を、最大限に楽しみたいと考えています。これから校長を目指す人には、そんなスタンスで校長という仕事を大いに楽しんでもらえたらと思います。

校長が「かわること」「かえること」をおもしろがり、笑顔でわくわくしていること、そしてどこか呑気にしていることが、元気な学校をつくるうえでの極意ではないかと考えています。

第 5 章

信頼・安心・貢献を柱に
新しい時代の学校を創る

新保元康 元札幌市立屯田小学校長

しんほ　もとやす

一般社団法人北海道開発技術センター地域政策研究所参事／前札幌市立屯田小学校長。札幌市立小学校教諭、北海道教育大学附属札幌小学校教諭、札幌市立小学校教頭、校長を経て、2019年５月より現職。文部科学省「統合型校務支援システム導入実証研究事業」事業推進委員、文部科学省ICT活用教育アドバイザー、特定非営利活動法人ほっかいどう学推進フォーラム理事長等多くの要職を務める。主な著書に『学校現場で〈今すぐ〉できる「働き方改革」』（明治図書）、『社会科重要資料の指導法30選５・６年生』（共著・教育同人社）など。

世界に誇れる日本の公立学校の曲がり角

日本の公立学校は長年にわたり、社会の土台を支えてきました。日本では、全国どの地域のどの学校においても、学習指導要領と検定教科書に基づく学習指導が行われ、一定水準の教育が保障されています。子どもたちは、学年ごとに配当漢字を学び、小学2年生では「九九」を学ぶなど、生きていくうえで必要な知識・技能を着実に習得していきます。多少の変動はありますが、ＰＩＳＡの結果を見ても世界トップクラスの学力を維持していると言って間違いありません。

私たちはこうした営みをごく当たり前のことと捉えていますが、世界的に見れば必ずしもそうではありません。アメリカのような先進国においても、公立学校が提供する教育サービスは地域差が大きく、かけ算を習う時期なども州によってバラバラです。全国津々浦々まで張りめぐらされた日本の公立学校のシステムは、世界に誇れるものです。

一方で、この完成度の高い日本の学校教育が大きな曲がり角にきているのも事実です。とくに「多様化する社会への対応」という点で、学校はさまざまな批判を受けるようになりました。近年、外国籍の子どもが増えており、日本語指導のあり方などが課題となっています。また、不登校の子どもたちや発達に特性のある子どもたちへの対応も、これまで以上に求められるようになってきています。さらには、家庭や地域が求める教育ニーズもますます多様化しています。

また、学力の面では今まで以上に高次な「創造的な問題解決力」が求められています。AIにはむずかしい、人間だからこそできる能力の育成が必要な時代です。小学校では、外国語やプログラミング教育も始まっています。

最近では、文部科学省「GIGAスクール構想」の話題が大いに盛り上がっています。1人1台のパソコンが小学校1年生〜中学校3年生まで全員に用意される。しかも高速大容量回線とクラウドのセットです。授業スタイルもいよいよ変化を迫られているのかもしれません。

同時に、日本の教師の働き方の課題もあります。日本の教師は世界で最も長時間働いています。もはや限界と言ってもよいほどの仕事をこなしているのです。これを改善しなければ、よい人材を確保できませんし、教育の質の維持そのものが困難となるでしょう。

日本の教育のよさを大事にしつつ、多数の課題にどう応えるか、日々頭を悩ませている校長先生が多いと思います。この困難を「ぼやき」で終わらせるか、「やりがい」に昇華させるかは校長次第。校長の覚悟が今ほど試されるときはないのだと思います。

今こそ原点を見つめ直す

困ったときこそ、原点に返るべきではないでしょうか。

次々と押し寄せる課題への対応はもちろん必要ですが、校長がうろたえるわけにはいきません。

校長は、なにより学校の土台をしっかりと固めることが大事です。それも、学校の「日常の安定」を第一に確保すべきだと思います。とくに小学校では、清潔で整った環境、決められた時間で行われる学習活動、共通理解された基本ルールなど教育活動の土台が最も重要でしょう。

いずれも当たり前のことですが、これらを実現するのは大変です。多様性に柔軟に対応するためにこそ安定した土台が必要ですし、組織的な取り組みがきわめて重要です。高層マンションは地震に対してしなやかにいなす構造になっていますが、その土台は地中深くの岩盤にまで届くたくさんの杭によってつくられています。学校運営も同じではないかと思うのです。もっとも、土台を固めると頭の先まで堅くなることもあるので要注意です。これは私自身も一番悩みながら進めてきたところです。

たとえばこんなことがありました。

私が経験した学校では、チャイムを1日に3回程度しか鳴らさない学校がいくつかありました。そこには夢と理想がありました。「時計を自分で見て行動できる自主的・自発的で創造的な子どもを育てる」、そして「先生たちの柔軟な授業進行を実現する」――そんな目的があったのです。確かに非常に魅力的です。

しかし、実態はかなり厳しいと言わざるを得ませんでした。授業のスタートも終わりも結局ばらばらでした。そもそも、夢中になって指導している先生には時計を意識することもむずかしかったのです。壁のないオープン教室の場合には、休み時間になった教室の大きな声が、隣のまだ授業中の教室に容赦なく響きます。当然、子どもはざわつき落ち着かなくなります。

この学級の担任がベテラン教師であれば、何も困りません。指導力が高いので、子どもが混乱することはないからです。しかし、指導力が未熟な若手やさまざまな事情で力を発揮し切れていない先生の教室は、大変なことになっていました。トラブルが増えると、当然その対応に多くの先生たちが走り回ることになります。働き方改革どころではない、泥沼の超過勤務が待っているのです。

こうした状態の改善をいくら訴えても、職員会議ではほとんど解決しません。なにしろベテラン教師は何も困っていないのです。一方、混乱している教室の先生は「自分が悪い」といっそう自分を責めてしまいます。

37年間の教員生活を振り返り、つくづく思うことがあります。それは、日本の小学校教諭は「自由」とか「創造」などという言葉に弱いのではないか——ということです。私自身もそうでした。自由と創造は、目指すべき非常に大事な価値です。Society 5.0の時代にはますます重要なものとなるでしょう。

しかし、それを実現する道は「自由にしていいよ」「好きなようにしていいよ」なのでしょうか？　私は、「自由」も「創造」も大きな価値であるからこそ、そこに至る道は、慎重に精密につくられるべきではないかと思います。実際、成果を上げている学校の話を聞くと、校長のリーダーシップのもとに細やかな配慮が積み重なっていることを実感します。

校長だからこそ見える世界があります。なかなかむずかしい現実、そして理想の未来。その間でどうやって学校をつくっていくか。ここにこそ校長のやりがいがあるのだと思います。

学校経営の土台「学校基本ガイド」

重ねて申しあげますが、やはり、何事も土台（インフラ）は大事です。それも変化のときほど重要となります。盤石の土台の上にこそ、創造性にあふれた教育が可能となります。

たとえば、私たちが自動車に乗って、日本中を自由に安心して周れるのは、基準に基づいた舗装工事がなされ、さらに法律や規則に基づいてさまざまなライン、標識、信号などの社会インフラが整備され、その意味が共有されているからです。

もし、何の規則もなく、すべてが自由であれば、道路の設計もまちまちです。ある地域は右側通行で、ある地域は左側通行なんてことになりかねません。これでは、安心して仕事にも旅行にも行けません。

学校のインフラは大丈夫でしょうか。

建築物としてのハード面のインフラは基準も確かで、耐震化やエアコンの整備も少しずつ進んでいるようです。

それでは、基本的なルールや約束事など、いわばソフト面でのインフラはどうでしょうか。とくに小学校ではかなりばらばらになっていないでしょうか。

小学校では子どもだけには任せられないことがあるので、学校から保護者へのお知らせが多くなります。お知らせの内容は、そのつどプリントに「丁寧に」「詳しく」書かれて渡されます。1年間で膨大な数のプリントが家庭に届けられます。

保護者のなかには、これを「紙爆弾」と呼ぶ方もいました。「多すぎてとても読めません」と言う方もいました。プリントによって内容が微妙に異なり、「どっちが正しいのか分からない!」とお叱りを受けたこともあります。さらに、教師によってルールの解釈がばらばらだったり、異なる運用であったりすることもありました。「あの先生はしてくれるのに、どうしてウチの先生はしてくれないの?」と受け止められてしまいかねません。これでは学校の土台が盤石とは言えません。

そこで私は、校長在任中3つの小学校で、「学校基本ガイド　よくわかる!◯◯小学校」というA3判1枚のペーパーをつくり、保護者に配布していました。

この学校基本ガイドには、学校の日課表や欠席・遅刻時の連絡方法、服装や持ち物のルール、各学年で使用するノート、宿題と家庭学習の基本的な考え方、緊急時の連絡方法、災害時の対応の基本、年度の行事予定、さらに教育相談やスクールカウンセラー利用の案内に至るまで書いてあります。学校に関するほぼすべての情報がまとめてシンプルに記載されているのです。

要点を簡単に1枚のペーパーにまとめることで、冷蔵庫や居間に貼りやすくし、いつでも見てもらおうと考えたわけです。もちろん学校内でも全教師でこれを共有し、全教室に掲示しました。

学校には、大学を卒業したばかりの新人もいます。4月からすぐに担任として働くときに、このガイドが非常に頼りになるのは言うまでもありません。保護者から見れば、どの先生も基本的に同じ対応をしてくれるということで、学校全体の信頼感が高まります。

このガイドには、言いにくいこともズバリと書いています。たとえば「水泳学習の際に忘れ物があればプールに入れない、確認の電話はできない」ことを明記しています。水泳学習には常に命の危険が伴いますし、感染症などの心配もあります。先生たちも必死です。そこでのちょっとした対応の揺らぎが大事故につながることがあるのです。また、「虐待は通告します」とも書いてあります。若い先生には言いにくいこと、しかし、学校が行わなければならないことを明確にしているのです。最終版には、教師の勤務時間も明記しました。

注意すべきことがあります。この「学校基本ガイド」は、多様な願いを受け止め、創造性豊かな教育をする際の手段に過ぎません。このガイドそのものが目的化し、がんじがらめに守ることだけを考えてはいけないのです。このハンドリングは、口で言うほど簡単ではありません。校長は常に「目的」と「手段」の管理をすることが大事な仕事です。

学校経営の最重要ワードは「情報共有」

私は「情報共有」が円滑な学校経営の最重要ワードだと考えています。

学校は往々にして、保護者との間に壁をつくりがちです。昨今は個人情報保護などの観点から、必要以上に情報にフタをする校長や教員も少なくありません。もちろん、プライバシー保護や守秘義務は大切ですし、すべての壁を取り払って裸のつきあいをすべきとは言いません。しかし、これからの時代の校長には、保護者と一定の距離は保ちながらも、可能な限りオープンにしていくことが必要だと考えます。

「オープンにする」と言うと、保護者会など「公式の場」での説明をイメージする人もいると思いますが、「非公式の場」でのこまめな情報共有がより大切ではないでしょうか。

私は校長在任中、よくPTA室に足を運び、そこで保護者との雑談を楽しみました。打ち解けた雰囲気のなかで「最近、○○先生が算数でおもしろいことをしましたよ」などと、先生たちの奮闘ぶりを知らせることもあれば、「今度、ICTが導入されることになったんですけど、どう思いますか？」と考えを聞くこともありました。教員の勤務時間、夏休みの研修の様子など、保護者にはあまり知られていないような情報を積極的に伝えていました。こうした他愛のない会話の数々は、相互の情報共有を図り、信頼を深めるうえで大きな役割を果たしていたと思います。

前述の「学校基本ガイド」も、先生たちはもちろん、PTAの役員さんとも何度も相談してつくりました。毎年改定するのですが、早めに着手し、先生たちや役員さんに意見をもらうのです。会議という公式の場ではなく、日常の時間をこまめに使って「非公式の場」で原案を練り上げていくのです。基本ガイドの下の段には時刻の入った日課表を掲載しました。これは保護者の意見からヒントをもらって入れたものです。

　校長は、こうして保護者との壁をなくしていくと同時に、教職員との壁もなくしていく必要があります。この場合も手法は同じで、ポイントは日常的な情報共有をこまめに増やすことです。

　学校で情報共有と言えば、「職員会議」を思い浮かべる人がほとんどでしょう。公式の情報共有の場として、職員会議は重要ですが、全員を拘束する職員会議をたくさん開催するのは業務負担が大きくなりすぎ、大変です。

　しかも、公式の職員会議はどうしてもタテマエの議論になりがちです。地域差、学校差も大きいでしょうが、いまだに「全員の同意で進めるのが当たり前」と思い込んでいる先生や、「多数決で決める」と思っている先生もいます。もちろん、みんなの気持ちが一致するのが理想ですが、それは現実的ではありません。

　逆に、カリスマ性のある「豪腕校長」の一言で決めていく場合もあるでしょう。この場合は、思わぬ落とし穴にはまる可能性があります。完璧な校長はどこにもいないのですから。

　教務主任時代に、当時の校長から指導された一言が忘れられません。

「1人と60分話していてはいけないよ。真のリーダーは、60人と1分ずつ話すものです」

　本当にそのとおりだと思います。大事な大事な同僚です。こまめに声をかけ、困りごとがないか耳を澄ませます。そして、こちらの悩みも聞いてもらう。日常の小さいやりとりのなかでこそ情報が共有され、学校のチーム力が高まっていくのです。こうした日常の情報共有があれば、職員会議もスイスイと進めることができます。

これは「情報共有」というより、「フランクなコミュニケーションだけだと、「なかよし組織」にはなるかもしれません。コミュニケーションだけだと、「なかよし組織」にはなるかもしれませんが、「困難に立ち向かえるチーム」にはなりにくいのではないかと思います。「フランクなコミュニケーション」だけでなく、問題を解決する「チーム学校」になるためには、「仕事としての情報共有」が必要なのです。

教職員との壁を取り除くために、私は校長室を改造しました。革製の立派なソファを撤去し、10人ほどが座れる長テーブルとホワイトボードを設置したのです。入口にはのれんをかけ、ドアは絶対に閉めません。そして学校経営にかかわる重要事項の多くは、校長室でわいわいと話しながら協議するようにしました。「校長室」が「企画室」になったことで、多くの教員が本音で語り、職場の風通しはずいぶんとよくなっていきました。

たとえば新年度の教育課程について、次々と加配教員が配当されたのはよいのですが、その先生たちにどのように教室に入ってサポートしていただくか、実際の運用について具体的な議論をしました。

もちろん、トラブルのときもよく校長室で相談しました。当事者の先生だけでなく、学年や担任外、またトラブル対応の勉強をしたい人も交えて善後策を練ったのです。とかく秘密にこっそり対応しがちな事案でも、できるだけ情報共有するのです。ホワイトボードに時系列で事実を書き、地図なども書いたりしながら問題を解きほぐします。そして、解決策を見出すのです。

トラブルは誰にでもあります。「よかれ」と思い一生懸命取り組んでも、受け止めはさまざま。感謝されるどころか叱られることもあるものです。そのときにこそ学ぶことがたくさんあります。これを続けることで、先生たちの指導力や危機対応能力が高まっていったのは言うまでもありません。

校長は「プレイングマネージャー」であるべき

ひと昔前の校長は、いつも校長室にでんとかまえていて、威厳がありました。校長室も格調が高く、児童・生徒はもちろん、一般教員も滅多なことがない限り入れませんでした。地域で名士とあがめられるなど、いろいろな意味で特別な存在だったように思います。

昔はそれでよかったのでしょうが、昨今の学校にはさまざまな課題が山積し、教職員の多忙化も進んでいます。教頭も半端な忙しさではありません。そうした状況のなか、かつてのように校長が校長室に居座っていては、学校が抱える課題はいっこうに解決しないでしょう。これからの時代の校長は、「プレイングマネージャー」として教職員と同じ目線に立ち、グラウンドレベルで動いていかないと、学校は円滑に機能しないのではないでしょうか。

私が校長を務めていた学校のなかには、約950人の児童が在籍するところもありました。保護者は1、500人以上にのぼり、地域の人たちを含めると直接・間接の関係者は5、000人以上いるようにいつも感じていました。そうしたスケールを考えただけでも、校長室でじっと座っていることなどできません。積極的に地域に出て、情報共有を図りながら信頼を得ていく必要があると私は考えていました。

「民は由らしむべし、知らしむべからず」という封建時代の言葉があります。法律を出した理由など、人民に教える必要はないとの意味ですが、私はむしろ「知らしむべし」の姿勢で、保護者や地域住民に働きかけていました。

学校に新聞記者が来たときなども、積極的にかかわりを持ち、学校の取り組みなどを分かりやすく伝えるよう努力しました。何しろ国民の知る権利を担保するのがメディアの使命。可能な範囲で協力するのは当然です。メディアに対しては、「何を書かれるか分からない」と警戒する校長が少なくありませんが、味方につければこれほどありがたい存在はありません。しかも、記者さんはたくさんの情報をお持ちです。勉強になることもたくさん教えてもらいました。ざっくばらんに話すことで信頼が生まれ、学校の奮闘を伝えてくださることもありました。

情報共有を図るために、校長として新しい学校に赴任すると、私は地元のお蕎麦屋さんや喫茶店に足を運ぶようにしていました。こうしたお店は地域の非公式情報センターになっていることが多いものです。学校の子どもたちや先生たちの奮闘の様子を伝えるとともに、学校へのさまざまなご意見を得ることもできます。

大切なのは、壁をつくらずに、フラットな関係性を築きながら、情報共有を図っていくことです。ある学校では、登下校時の交通安全指導をしてくれていた方に声をかけ、校区の居酒屋で小さな忘年会をしたことがあります。その方は「30年近く交通安全指導をしていましたが、こんなことは初めてです」ととても喜んでくれました。もちろん、学校に対する地域のホンネもたくさん教えてもらいました。

壁をつくる背景には、個人情報保護や守秘義務などが求められている昨今の社会事情もあるでしょう。しかし、学校・校長が保有する情報のうち、守秘義務にかかわるものはほんの一部にすぎません。大半は、共有してかまわないものであり、共有を図っていくべきものです。それなのに、多くの学校関係者は無意識のうちに拡大解釈をして、壁をつくってしまっていないでしょうか。

校長がそうやって壁をつくれば、保護者の間に不安感や不信感が芽生えます。そうした空気があるなかで、学校の何かを変えようとしても、納得はしてくれません。その意味でも、学校運営の「背景」とも言える日常の情報を共有することが大切なのです。

同じことは管理職・教職員間についても言えます。校長・教頭だけが情報を握って陰でコソコソしていると、教職員は不安になります。自分が担任のときは、校長室の扉が閉まるたびになんとも言えない複雑な気持ちになったものです。「協力してよい学校をつくろう」という気持ちはみんな持っています。しかし、そこで扉を閉めてしまっては、台無しです。

そうならないためにも、校長室は常にオープン、さらに自ら校長室から出てこまめな情報共有を積み重ねるのです。私は、人事協議や面談の際にも校長室の扉は閉めませんでした。もちろん小さな声で話しましたので、何の問題もありません。むしろ閉めた方が「この時期だから人事だな」とすぐにはっきり分かってしまいます。

管理職がコソコソしないことで、職員室には安心感と明るさが生まれます。これが令和時代に求められる校長の覚悟ではないでしょうか。

学校経営の三本の柱

もう10年以上前になりますが、校長になったばかりの頃、当時ベストセラーだった『もし高校野球の女子マネージャーがドラッカーの「マネジメント」を読んだら』（通称『もしドラ』）という書籍を読みました。ドラッカーの本はすでに持っていたのですが、『もしドラ』は、難解なその経営論を誰にでも分かるように噛み砕いて解説していて、とても勉強になりました。

経営における「顧客」は通常、ユーザーや消費者を指します。しかし、ドラッカーは従業員も顧客であるとして、マーケティングの理論を構築しています。すなわち、学校でいえば児童・生徒や保護者だけでなく、教職員も顧客と捉え、その満足度を高めていく必要があるというのが、ドラッカー流の経営論です。この理論を踏まえ、次の三本の柱を学校の経営方針として立てました。
①児童・生徒、保護者から信頼される学校
②教職員が安心して働ける学校
③地域に貢献する学校
①は学校として当たり前のことです。子どもたちが知徳体の力を高め、安全に安心して楽しい学校生活を送ることで、初めて信頼される学校となります。③も公立学校の存在意義を考えれば必然的なことです。しかし、②の「教職員が安心して働ける学校」という考えは、当時の学校においては珍しいものだったかもしれません。
今では「働き方改革」は、中教審答申が出され、文科省も推進するなど、国をあげての大きな課題となっていますが、当時はそれほど関心を集めていませんでした。

30代の頃、大学の附属校で教員をしていたことがあります。朝の7時頃に出勤し、深夜0時過ぎに帰宅する毎日でした。完全に過労死ラインを超えています。しかし、「つらい」

と思ったことはほとんどなく、毎日が充実していました。時間をかけて教材をつくり、それを授業で実践して子どもたちを喜ばせる。そんな毎日が楽しく、今思えば「仕事中毒」になっていたように思います。

一方、ハードワークを重ねるなかで体調を崩す仲間もいました。自分自身も40歳頃に免疫機能が不調となり、全身麻酔で手術もしました。こうした経験を通じて、次第に「ハードワークを当たり前と思ってはいけない」と考えるようになりました。

そうした課題意識があったため、校長になってからは、教職員が働きやすい環境づくりに、積極的に取り組んできました。

たとえば職員朝会は廃止し、校務支援システムでのスケジュール共有に全面的に切り替えました。学校で一番ハードワークである教頭先生の業務量を削減するため、行事予定の黒板への記載もやめました。

開催すること自体が目的化していた「公開研究会」も中止しました。「公開研究会」には、メリットもたくさんあります。しかし、参会者をおもてなしするための形式的な準備も多く、効果に比べると先生たちの負担が重すぎると判断しました。もちろん授業の質を向上させることは必須です。それは日常的なミニ研修で行うことにしたのです。

職員会議は年に4回のみ。いずれも長期休業期間中に行うだけで、学期中は開催しないことにしました。教職員には驚かれましたが、私は自身が校長を務めた4校すべてで、「職員会議は年4回・各90分のみ」のシステムに変えていきました。もちろん前述のとおり、日常的な情報共有やフランクな相談があればこそ可能となったのです。

学校の仕事には、無理・無駄が少なくありません。なかには工夫すれば数分で済むようなことを、手続きや周囲の目線を気にしてか、何時間もかけているような場合もあります。前例踏襲で実施している形骸化した取り組みも少なくありません。職員会議に限らず、こうした無理・無駄をなくしていくことが、働き方改革の第一歩だと思います。

「働き方改革」におけるICTの活用

「働き方改革」については、世間的に誤解されている点があります。それは「働き方改革」の目的についてです。多くの人が、教員の超過勤務時間を減らすことがその目的だと考えていますが、それだけではありません。もう一つ、教育活動の質を向上させることも大事な目的の一つです。教員に時間的・精神的なゆとりを生むことで、教育活動の充実を図っていくのです。教師には自ら行う勉強と、幅広い経験がなによりも必要です。日本がグローバル社会で生き残っていくうえでも、人生を楽しむ知性豊かな教師が不可欠です。

「勤務時間の短縮」と「教育の質的向上」を両立させるなんてことが、はたして可能なのかと疑問に思う方もいるでしょう。確かに、この二つは一見矛盾するように見えます。しかしながら、実社会に目を向ければ多くの企業が取り組み、実現していることです。

企業だけではありません。日本は今、生産年齢人口の大幅な減少という問題に直面しています。どの業種でも人手不足が当たり前なのです。そのなかで、少しでも効率的な仕事ができるよう、みんなが知恵を絞っています。学校だけが「できません」とは言えないと思います。

形式的な勤務時間の短縮は意味がありません。超過勤務を減らすために、「早く帰ってください」と追い立てる学校もあると聞きます。しかし、業務を削減せずに勤務時間を短くすれば、仕事を家に持ち帰る教員が増えるだけです。もし車上荒らしに遭い、個人情報が流出してしまえば、被害に遭った教員はやり切れない気持ちになるでしょう。

「働き方改革」の解決策ですぐに思い浮かぶのは、人員を増やすことです。教員を増やし、1学級あたりの児童・生徒数を減らし、受け持つ授業時数が減れば、勤務状況は改善されます。しかし、子どもが減り、高齢者が増えている昨今の社会情勢を考えれば、教育よりも福祉に予算をという声が大きくなるのはある意味当然かもしれません。予算を必要としているのは教育だけではありません。ここは本当にむずかしいところです。

ならば、教員の勤務環境改善は望めないのかといえば、そうではありません。私は、学校レベルの取り組み、さらに言えば校長の采配次第で、「労働時間の短縮」と「教育の質的向上」を両立させることは十分に可能だと考えています。

学校レベルで進める「働き方改革」の一つ目の柱は、無理・無駄をなくして合理化を図ること。もう一つの柱が、ＩＣＴの活用です。幸い札幌市は、ＩＣＴのインフラ整備が進んでいることから、非常に進めやすかったです。実際、私が校長を務めていた学校では、この二つの柱を軸に、超過勤務の削減とともに、教育の質的向上に取り組むことができました。すべてうまくいったとは言い切れませんが、学力調査の結果や学校評価の結果を見ると、それなりに成果が得られたのではないかと実感しています。

「手段」と「目的」を取り違えてはならない

一方で、ＩＣＴの導入が「働き方改革」にプラスに作用するかと言えば、必ずしもそうとは限りません。ＩＣＴを入れただけでは何も改善されません。使い方が悪ければ、副作用が大きくなるだけです。

ある人が筋トレマシンを購入したとします。それだけで必ず筋肉がつくかといえば、そうではありません。マシンを正しく継続的に使用するとともに、食事などの日常生活の改善を並行して行わなければ、成果が出ないのは自明です。筋トレマシンは「手段」に過ぎません。「目的」実現のためには、正しい活用と日常生活の改善が必須です。ＩＣＴもそれと同じで、業務の無駄をなくすなどの「日常改善」をセットで行わねば、いつまで経っても忙しさは解消されません。

たとえば、多くの学校が毎朝、15～20分ほどの職員朝会を実施しています。その大半は業務連絡等です。せっかく校務支援システムを導入しているのに、それを使って業務連絡をせず、今までどおり口頭で伝えている学校がたくさんあります。先生たちが職員室で朝の連絡や議論をしている間、教室では子どもたちのトラブルが起きがちです。結果的に、トラブル解決のために何日も教師が走り回ることになりかねません。ＩＣＴを導入しても、これまでの日常の業務を改善しなければ、教員の負担は減らないのです。

同様に、税金で高価な校務支援システムを入れているのに、職員室の黒板に予定を書き込み続けている学校もあります。こうした校内の無駄を放置して、もっと教育に予算と人をつけてくれと言っても、説得力はないでしょう。

昨今の学校は、臨時的任用教員や非常勤講師、スクールカウンセラー、スクールソーシャルワーカー等、多様な人たちの力で支えられています。出勤時間はばらばらで、職員朝会の時間にいるのは正規教員だけです。今後、職種や任用形態の多様化がさらに進むことを考えれば、職員朝会での情報共有はもはや不可能です。したがって、ＩＣＴを活用する以外にないのです。

他方、「ＩＣＴアレルギー」の教員にどう活用してもらうかは、むずかしいところです。実際、ＩＣＴによる校務支援システム等は、使い慣れるまで時間がかかるため、半年ほどはむしろ負担が増えます。

口頭でいくら説明しても、ＩＣＴアレルギーの方に納得してもらうのは不可能でしょう。

大切なのは、校長自身が率先してＩＣＴを活用することです。アレルギーの教員には、試しで使いながら慣れてもらうしかありません。「次世代の教員のためにも力になってほしい」と訴えることも有効だと思います。

リーダーには、他人の評価を恐れない覚悟が求められる

私自身、大学時代に労働法を研究していたこともあり、就職後すぐに組合員になりました。正直に言えば、当時は「『長』の肩書がつく人は悪者」くらいの尖った考えでした。管理職を目指そうとは微塵も思っていませんでした。

しかし、私の考えは数年で覆されました。実際に仕事をするなかで、リーダーの教養の深さ、行動力などに触れるとともに、幾度となく助けられたからです。ある校長先生の自宅へうかがったとき、本棚にビッシリと並んだ専門書の数々に圧倒されたこともあります。

そうした経験のなかで、リーダーの重要性を理解し、次第に自らが管理職となって学校をよくしていきたい、との思いが芽生え始めていました。

教員だけではないと思いますが、組織では年齢相応の立場と振る舞いが求められるのが一般的なのではないでしょうか。そうした周囲の期待に応える生き方も重要だと思います。

もちろん、正確に言えば年齢・性別等とリーダーシップに関係はありません。適材適所で能力を発揮することがなにより大事です。実際、そうした登用がどんどん現実のものに

なっていると感じます。私自身も校内人事はそうした考えで行ってきました。

校長職は、教育委員会という組織体から見れば中間管理職の一人に過ぎません。しかし、大事な子どもたちを守る重い責任を背負います。ですから、ときには断腸の思いで困難な決断を下さねばならないときもあります。その決断は、一般の教職員には理解がむずかしいこともあるでしょう。校長が嫌われる存在になってしまうこともあります。「嫌われる覚悟」がなければ務まらないのが、リーダーの宿命なのです。

私自身は、校長は「校長という役者を演じているのだ」と考えることがよくありました。自分自身の本質は優柔不断で八方美人。しかし、それでは厳しい決断はできません。「校長」というリーダーの役割を実現するために、伝えねばならないことは伝える。決断すべきは大胆に決断することが必要です。この覚悟は、いつの時代の校長にも求められるものではないでしょうか。

私は計4校の校長を務めさせていただきました。いつしか「改革する校長」という評価もあったように聞きます。いつもグズグズしていて優柔不断という自己認識と周囲からのイメージが全く異なるので、複雑な気分でした。

周囲の短期の評価を気にしてばかりいたら、本物の信頼は得られません。「事なかれ主義」では務まらないのが校長という仕事。ほかからの評価に惑わされず決断する覚悟こそが、校長に求められるのではないでしょうか。

マネジメントは「泥臭い」やり方も必要

こんなふうに学校の日常改善を進めてきたわけですが、すべてが順調だったわけではありません。失敗もたくさん経験しました。

ある学校で、赴任直後の5月に職員朝会をやめ、校務支援システムを活用した連絡・周知に全面的に切り替えたことがあります。しかし、教職員の納得が得られていないなかでの見切り発車だったため、次第に職員室の情報共有が図れず、ぎくしゃくし始めました。私の判断ミスです。時期尚早だったのです。

教職員に集まってもらいこう伝えました。

「まことに申し訳ありません。準備ができていないなかで切り替えてしまったことで、皆さんに迷惑をかけてしまいました。職員朝会を復活させます」

とはいえ、だからといって後戻りするわけにはいきません。私は続けてこう伝えました。

「なお、皆さんに迷惑がかからないように、改めて相談しながら準備を整え、夏休み明けの9月から、もう一度校務支援システムによる連絡への切り替えに挑戦しましょう。ご理解ご協力のほど、どうぞよろしくお願いします」――謝るべきは謝る。しかし、ねばりも同時に重要です。

校長職は、教員に対して「言いにくいけど、言わねばならない」ことが多々あります。

それを後回しにすると、さらに言えなくなることがよくありました。そのため、私は言いにくいことほど、先に言ってしまうようにしていました。

たとえば入学説明会では、保護者に向かってこのように伝えていました。

「学校としてせいいっぱいよい教育を行ってまいります。でも、完璧はむずかしいかもしれません。『あらっ？』『なぜ？』と思ったときには、ぜひご一報ください。お話をうかがい、皆さんと一緒に解決への道を考えさせていただきます」

こんなふうに、「言いにくいこと」を先に伝えておく方が、保護者からの信用が高まり、円滑な学校経営につながると思います。とりつくろって理想論ばかり話しても、保護者は「そうはいかない」現実をすでに知っています。

校長のマネジメントについては、その人にあったいろいろな方法があるでしょう。私には、洗練された「かっこいい」マネジメントはできませんでした。地元のお蕎麦屋さんやラーメン屋さんに行って情報を収集したり、伝えにくいことをあえて先に言ったりといった「泥臭い」やり方だったと思います。こうした泥臭いマネジメントも「あり」ではないでしょうか。

「できない理由」よりも、「どうすればできるか」を考える

学校関係者のなかには、「本当に教育のＩＣＴ化が必要なのか。もっとほかに必要なも

のがあるのではないか」と言う方もいます。その気持ちもよく分かります。

しかし、学校の外に出て、世の中を見渡してみれば、電車のなかで大半の人がスマホを手に、さまざまな情報を一心不乱に入手しています。その昔、出勤中のサラリーマンが食い入るように新聞を読んでいたのと同じようなことを、多くの人々がICTを使って行っているわけです。

ICTが好きか嫌いかは別として、もはや大人も子どももICTを抜きには生きられないというのが現実です。政府が「Society5.0」を打ち出し、ICTを活用した社会の効率化・最適化を目指しているのは、そうしたグローバル社会の波が押し寄せているからにほかなりません。また、生産年齢人口が大幅に減少し、人手不足が深刻化している日本にとっては、ICT化による生産性の向上は避けて通れません。

東京のタクシーはAIを使って利用者の位置情報を予測しているそうですし、北海道のトラクターにはGPSを活用した自動運転システムなどが導入されています。そうしたICT化の波が、社会の隅々まで浸透しようとしているなかで、学校教育だけがチョークと黒板を使って100年前と同じようなことを続けるのでしょうか。本当にICTを無視し続けてよいのか、グローバル社会から目を背けてよいのか、本気で考えるときです。

教育ICTのインフラ整備には大きな地域格差があります。このままでは、チョーク&トークで先生が汗を流す地域と、ICTでよりスマートに分かりやすい授業をする地域がはっきりしてきてしまうかもしれません。今回の「ＧＩＧＡスクール構想」は千載一遇のチャンス、なんとしても実現しなければなりません。

人間は、本能的に「できない理由」を考える生き物かもしれないと思うことがよくあります。平穏な日常を変えたくないし、変えられたくない。それはある意味、種の生き残りのために必要なことなのでしょう。しかし、変化の波が押し寄せている現代社会において、過去にしがみついていては、むしろ生き残りはむずかしくなります。

変化の激しい困難な時代には、「できない理由」を考えず、「どうすればできるか」を考える人材が求められるのではないでしょうか。その役割を果たすのが、これからの時代の校長なのだと思います。

若者に教職への「憧れ」を持ってもらうために

次代を担う教員に伝えたいのは、大きな物差しを持ってほしいということです。

アメリカの小学校を何度か訪問したことがあります。海外の学校を自らの目で確かめ、自分たちの教育を見つめ直したいと考えたからです。最初の訪問は30歳前後でしたが、別世界を見ることで、自分の立ち位置が分かり、物差しを大きくすることができました。

もちろん、海外の学校を見ることだけが、物差しを大きくすることではありません。学校外の人と接点を持つことも、スケールを大きくすることにつながります。異業種の人は、教員にはない視点や情報を持っています。校長を目指す人は、そうした異業種の方とのコミュニティに参加したり、本を読んだりするなどして、見識を深めてほしいと思います。

これからの校長には、多様な人たちと対話し、柔軟に対応していく資質も求められます。学校にはすでに、スクールカウンセラー、スクールソーシャルワーカー、部活動指導員等多様な専門家がかかわるようになっています。小学校の専科指導も充実しそうです。多くの退職者が引き続き学校で働くケースもますます増えることでしょう。これまでのように、正規教員が1人1学級を受け持ち、すべての責任を負うような仕組みは、今後10年ほどで大きく変わってくると思います。そう考えても、校長には学校の外に目を向け、多様な人たちとかかわりを持つ姿勢が必要なのです。

ここ最近、気になるのは教職に対する魅力が低下しているのではないかということです。教員志望者も減少傾向にあり、非常勤講師の確保もままならない状況が全国的に発生しています。かつては「憧れの職業」だったはずの学校教員が、若者から「ダサい職業」に思われているのではないかと危惧しています。今はどの業界も人手不足ですから、このまま教職の魅力低下が進めば、教員の確保がますますむずかしくなってしまうかもしれません。

教職の魅力を高めるという意味でも、ＩＣＴの整備・活用は必要です。最近、企業や大学に行くと、パソコンが日常業務のなかで当たり前に活用されています。そこで働く人や学ぶ人の姿は、とてもスマートで魅力的です。

先日、かつて校長をしていた小学校に出かける機会がありました。ＩＣＴも活用した「働き方改革」と「授業改善」が一段と進み、教員は実に生き生きと働いていました。授業研究も熱心に行う学校なのですが、教員の帰宅時間は今も早いそうです。当時からいる教員の一人が、私に「あのとき、みんなで目指したことの意味がよく分かりました」と言ってくれたときは、とてもうれしいものがありました。

このようにＩＣＴも活用しながら日常の改善が進み、風通しのよい学校となれば、教職は「憧れの職業」として改めて注目されるのではないでしょうか。その重責を担うのは校長です。校長を目指す人には、ぜひ教師も子どもも輝く学校経営を目指して準備を進めてほしいと思います。どうかリラックスして、世間を広く見渡し、魅力あふれる学校をつくってください。日本の未来はみなさんの双肩にかかっています。応援しています！

おわりに

5人の校長先生の「覚悟」、どう読まれたでしょうか。みなさん労せずして今の境地にたどりついたわけではありませんでした。失敗を重ね、試行錯誤し、目の前の子どもたちに学びながら、自分で考え取り組み続けるなかで、今の「覚悟」を持つに至ったことがわかります。

近年教育界でよく言われるのが、「○○だからできた」です。
曰く「あの校長だからできた」「あの学校（の地域）だからできた」「あの自治体だからできた」――先進校への視察は引きも切りませんが、なぜその先進校の取り組みがいっこうに広まらないのか。それは、多くの人が心の中では「○○だからできた」と思っているからではないでしょうか。

ですが、本書はこのハードルを乗り越えることができたと感じています。「○○だからできた」は、いわば当たり前のことでした。「○○でなければ、その実践はできない」のは当たり前なのです。なぜなら、自分（自校／自分の自治体）は、「○○」ではないのですから。

「○○」ではないのですからすべてをマネすることなどできませんし、もし仮にすべてをマネできたところで、同じ結果にはたどりつきません。それは、自分（自校／自分の自治体）が「〇〇」ではないからです。

人は人。自分は自分。目の前の子どもたちに学びながら、自分が今、ここで何をするか。問われているのはそこでした。そしてそこにおいて必要なのが、「覚悟」です。

次は、本書をお読みになったみなさんが、自校で自分に何ができるかを考えていただく番です。

これから『校長の覚悟2』『校長の覚悟3』とシリーズが続くなかで、みなさんにご登場いただけることを心から楽しみにしております。

最後になりますが、お忙しいなか取材にご協力いただいた木村泰子先生、住田昌治先生、西郷孝彦先生、小高美恵子先生、新保元康先生に厚くお礼申し上げます。

『教職研修』編集部

２０２０年３月１日

SPECIAL THANKS!
木村泰子先生
住田昌治先生
西郷孝彦先生
小髙美惠子先生
新保元康先生
そして学校現場で奮闘していらっしゃる、
すべての校長先生へ――

校長の覚悟
――希代の校長５人に問う、校長のなすべきこと

2020年4月1日　初版発行

著　者　『教職研修』編集部
発行者　福山孝弘
編集担当　岡本淳之
発行所　株式会社教育開発研究所
〒113-0033 東京都文京区本郷2-15-13
TEL.03-3815-7041　FAX.03-3816-2488
URL　https://www.kyouiku-kaihatu.co.jp/

装幀デザイン　小島トシノブ
制作協力　株式会社コンテクスト
デザイン＆DTP　しとふデザイン（shi to fu design）
印刷所　中央精版印刷株式会社
ISBN 978-4-86560-522-8